TEATRO DE MARTINS PENA

——— ✳ ———

CB082535

COLEÇÃO A OBRA-PRIMA DE CADA AUTOR

TEATRO DE MARTINS PENA

O juiz de paz da roça

QUEM CASA QUER CASA

O NOVIÇO

3ª Edição

MARTIN CLARET

© *Copyright* desta edição: Editora Martin Claret Ltda., 2014.

Direção Martin Claret
Produção editorial Carolina Marani Lima
Mayara Zucheli
Diagramação Giovana Gatti Leonardo
Direção de arte e capa José Duarte T. de Castro
Ilustração de capa Ozerina Anna / Shutterstock
Revisão Flávia P. Silva
Impressão e acabamento Renovagraf

Este livro segue o novo Acordo Ortográfico da Língua Portuguesa.

Dados Internacionais de Catalogação na Publicação (CIP)
(Câmara Brasileira do Livro, SP, Brasil)

Pena, Martins, 1815-1848.
O juiz de paz da roça; Quem casa quer casa; O noviço / teatro de Martins Pena. — 3. ed. — São Paulo: Martin Claret, 2014.
(Coleção a obra-prima de cada autor; 29).

"Texto integral"
ISBN 978-85-7232-998-9

1. Teatro brasileiro I. Título. II. Título: Quem casa quer casa.
III. Título: O noviço IV. Série.

14-01347 CDD-869.92

Índices para catálogo sistemático:

1. Teatro: Literatura brasileira 869.92

EDITORA MARTIN CLARET LTDA.
Rua Alegrete, 62 – Bairro Sumaré
01254-010 – São Paulo, SP
Tel.: (11) 3672-8144 – Fax: (11) 3673-7146
www.martinclaret.com.br
4ª reimpressão – 2016

Sumário

Prefácio 9

O juiz de paz da roça

Único ato

Cena I 21
Cena II 22
Cena III 27
Cena IV 27
Cena V 28
Cena VI 32
Cena VII 33
Cena VIII 34
Cena IX 35
Cena X 36
Cena XI 36
Cena XII 44
Cena XIII 45
Cena XIV 45
Cena XV 46
Cena XVI 46
Cena XVII 46
Cena XVIII 48
Cena XIX 49
Cena XX 50
Cena XXI 52
Cena XXII 53
Cena última 55

Quem casa quer casa

Único ato

Cena I 63
Cena II 64
Cena III 66
Cena IV 72
Cena V 72
Cena VI 76
Cena VII 78
Cena VIII 79
Cena IX 80
Cena X 84
Cena XI 85
Cena XII 86
Cena XIII 89
Cena XIV 90
Cena XV 92
Cena XVI 92
Cena XVII 94
Cena XVIII 95
Cena XIX 96
Cena XX 97
Cena XXI 97
Cena XXII 98

O NOVIÇO

Primeiro ato

Cena I 107
Cena II 107
Cena III 112
Cena IV 115
Cena V 116
Cena VI 118
Cena VII 118
Cena VIII 124
Cena IX 126
Cena X 126
Cena XI 132
Cena XII 132
Cena XIII 136
Cena XIV 141
Cena XV 142
Cena XVI 144

Segundo ato

Cena I 145
Cena II 146
Cena III 146
Cena IV 150
Cena V 150
Cena VI 159
Cena VII 160
Cena VIII 167
Cena IX 167

Terceiro ato

Cena I 173
Cena II 177

Cena III 178
Cena IV 179
Cena V 180
Cena VI 180
Cena VII 184
Cena VIII 186
Cena IX 186
Cena X 187
Cena XI 187
Cena XII 191
Cena XIII 193
Cena XIV 193
Cena XV 194
Cena XVI 195
Cena XVII 196
Cena XVIII 205
Cena XIX 205

Guia de leitura 209
Questões de vestibular 217

Prefácio

A farsa crítica de Martins Pena

Vilma Arêas[1]

Luís Carlos Martins Pena nasceu no Rio de Janeiro, em 1815, e morreu em 1848, em Lisboa, a caminho do Brasil. Retornava de Londres, onde desempenhou funções diplomáticas. O clima inglês agravou sua tuberculose, doença comum e fatal no século XIX.

Sem fortuna, órfão e sem acesso ao grupo de intelectuais que rodeava D. Pedro II, Martins Pena foi encaminhado às aulas de comércio. Formou-se com brilho, mas sem vocação. Pouco depois conseguiu estudar com professores franceses na Academia de Belas Artes, adquirindo conhecimentos de pintura, estatuária e arquitetura. Leu os clássicos e estudou línguas (inglês, francês e italiano). Também estudou música e canto, pois tinha bom ouvido e uma bela voz de tenor. Com tudo isso afiou os olhos e os ouvidos, essenciais para o ofício do teatro e da crítica musical.

A princípio, Martins Pena tentou driblar sua vocação cômica. Assim, tentou as formas teatrais que causavam furor na época: o melodrama e o drama histórico, encharcados de crimes e amores contrariados. Buscava naturalmente o aplauso com os gêneros considerados nobres, embora todos saibam que é mais fácil fazer chorar do que fazer rir.

---

[1] Titular de literatura brasileira pela Unicamp; autora de *Na tapera de Santa Cruz* (São Paulo, Martins Fontes, 1987), análise da obra de Martins Pena; *Iniciação à comédia* (Rio de Janeiro, Zahar, 1990); "A comédia de costumes", em *História do teatro brasileiro,* Vol. 1 (dir. João Roberto Faria). São Paulo, Sesc-SP / Perspectiva, 2012.

Quando seguiu a própria inclinação, foi um sucesso. Exibiu com clareza cômica a situação de atraso do país e o horror da escravidão. Por isso sofreu forte censura. A edição crítica de sua obra completa e a publicação de seus *Folhetins* de crítica musical, em meados do século XX, colaborou para o entendimento de seu projeto. Além disso, hoje se conhece a cenografia e os espetáculos populares da época. Tudo isso derrubou os lugares-comuns a respeito de Martins Pena: diziam que escrevia mal e sem rigor, que era ingênuo e indiferente a questões sociais, só se interessando pelo *baixo cômico*.

Mas a verdade é que suas comédias e farsas, às vezes minúsculas, estão longe da simplicidade, porque são compostas pelos vários fios da tradição teatral: o entremez, a farsa portuguesa, a comédia francesa, a *commedia dell'arte,* incluindo-se nesse conjunto o universo popular. E claro! Martins Pena não escrevia mal. Estava apenas interessado na prosódia brasileira, como o romântico José de Alencar (1829–1877) e o modernista Mário de Andrade (1893–1945).

Martins Pena foi um homem de teatro. Isso significa que as peças aqui apresentadas não devem ser lidas como um romance. A leitura tem de ser lenta e atenta ao jogo das personagens, pois o texto de teatro só se resolve na encenação, ou seja, trata-se de um texto cheio de buracos a ser completado no palco. Daí a importância do diretor, do ator. Na época não havia encenador e Martins Pena desempenhou de certo modo esse papel: assistia às próprias peças e fazia modificações adaptando as falas às situações. Muitos de seus manuscritos são exageradamente emendados, com várias versões.

Estas três peças estão colocadas estrategicamente em sua obra. *O juiz de paz da roça* (encenada em 1838) funda a comédia nacional; *O noviço* (talvez escrita em 1845) é a única comédia em três atos de Martins Pena, já então um mestre no gênero cômico; finalmente *Quem casa quer casa* (primeira edição de 1847) traz à ribalta personagens que falam cantando, como costumam fazer os gagos para controlar a gagueira; é uma das últimas peças do autor e talvez sua obra mais funcional. Examinarei cada uma.

O juiz de paz da roça foi a primeira tentativa brasileira a concorrer com os entremezes que finalizavam ou entremeavam, com números musicais, o "prato principal", em geral um drama ou tragédia. Reparem que esta primeira pecinha se encerra com o final feliz próprio da comédia, e também com música e dança animada, como no entremez. Nos programas chamava-se a atenção para os números musicais, tal a sua importância.

O enredo de *O juiz de paz da roça* combina uma estrutura de comédia com o contexto brasileiro (a roça, isto é, a periferia do Rio). A figura do juiz, de longa tradição cômica, amarra as duas partes. É fácil perceber que Pena estava ainda treinando a mão: a trama é simples demais e ao mesmo tempo indecisa. Por exemplo, o juiz é o herói da peça, ocupando a mais longa das cenas, embora represente o atraso e a inadequação dos roceiros diante da lei. Seus julgamentos constituem o ponto alto do cômico. Entretanto o verdadeiro sujeito é Aninha: ela distrai a mãe para receber o namorado em casa, insiste no casamento, rouba a chave do quarto etc. O próprio juiz se espanta: "A menina não perde ocasião" (cena 22). Em suma, ela é quem age.

Se o enredo é simples, as informações do contexto pesam muito. A figura do juiz (lavrador pobre cooptado pelo poder) exibe em última instância a injustiça da sociedade. Esta é uma tradição que vem do império romano e chega pelo menos até Brecht com *O círculo de giz caucasiano* (1944). Além disso, observamos arbítrio, violência e opressão em todas as instâncias sociais, presentes ou aludidas: lavradores pobres, escravos submetidos ou revoltosos (referência aos quilombos e também à guerra), aparelhos do Estado (a justiça e suas instituições), o aparelho repressor (Guarda nacional, general etc.), latifundiários (dono do engenho), a Igreja etc.

No palco, essa violência é caracterizada pela presença da cadeia, com notável insistência em todas as cenas, como ameaça, ou concretamente (prisão no quartel do Campo de Sant'Ana); às vezes em aposentos familiares usados como cela (José preso na casa de Manuel João), ou referências a lugares de castigo (Angola, como degredo). O espaço de liberdade e divertimento, espaço utópico, surge nos relatos de José a Aninha, quando ele descreve a maravilha da Corte.

Em suma, o absurdo cômico, que provoca o riso, não deixa de apontar o absurdo do atraso e da organização do país. A festa final não passa de um fecho de entremez.

Em *O noviço,* já vemos Martins Pena dono da técnica teatral. A trama combina a comédia clássica reduplicada e o melodrama, ambos unidos pelo fio farsesco. Mas a peça é clara e concentrada, tudo se passando em dois interiores de uma casa (sala e quarto), ao contrário do *Juiz de paz da roça,* em que a ação ziguezagueava como faz o cinema, entre a casa de Manuel João e a casa do juiz. Outros espaços (rua, convento, teatro, o Nordeste) são apenas referidos na fala das personagens. Aqui, herói e sujeito são um só, isto é, Carlos, o noviço rebelde do título ocupa 25 das 44 cenas e é ele quem faz a trama se desenrolar, enfrentando Ambrósio, o vilão melodramático. No final, o rapaz consegue a noiva pretendida.

Na peça, Pena utilizou todo o conhecimento teatral acumulado até então. Há progressão e preparação das cenas, confronto e apresentação de personagens. A comédia se concentra inteiramente no jogo cênico, no movimento dos personagens. A mola da ação é o dinheiro, desejado pelo vilão Ambrósio, *versus* o amor, que Carlos defende. É bom notar que o desmoronar das aparências na comédia é em geral o desmascaramento de uma única personagem numa cena culminante (cf. o último ato). Na farsa o desmascaramento ocorre continuamente: tudo o que é quebradiço deve ser espatifado.

O cenário em *O noviço* é totalmente funcional e os objetos são sempre utilizados: a cama (em cima e embaixo), o castiçal que, caindo, gera a escuridão necessária ao desenrolar da cena, cadeiras, armário, portas de entrada e de saída, janela de onde se vê o que se passa na rua.

O à *vontade* do autor faz com que *O noviço* seja uma "metapeça", isto é, uma peça que comenta a si própria (cf. Ato II, cena 5: a peça é definida como "mascarada", com os atores ensaiando "uma comédia para sábado de Aleluia"). Também Ambrósio é, desde o primeiro ato, um vilão cômico, colocando pelo avesso as construções do melodrama, mostrando comicamente como elas são feitas. (Cf. sua definição de mundo como "pélago", oposto ao "abrigo" do convento. Na segunda referência ao assunto, o vilão procede mecanicamente, pois interrompe o discurso empolado de repente ("onde está minha casaca?"), mostrando que apenas recitou a fala, pensando em outra coisa.

O noviço também é a única comédia original em três atos, que nos chegou inteira (*As casadas solteiras* é tradução do francês, outra nos ficou em pedaços).

Décio de Almeida Prado é de opinião que Martins Pena conservou, nesta peça de três atos, o ritmo e a velocidade das peças em um ato, apenas multiplicando por três os episódios: são três disfarces (Carlos é travestido em frade, depois se veste com as roupas de Rosa e Rosa é também travestida em frade); são três esconderijos (debaixo da cama, dentro do armário e no meio da escuridão). A mascarada e trapalhadas se estendem por toda a peça, sem pausa.

O noviço foi um extraordinário sucesso, tendo cinco edições só no século XIX. Sucesso também de representação, com muitas versões cênicas. No século XX foi levada em série na TV.

Afirmei anteriormente que *Quem casa quer casa* talvez seja a peça mais funcional de Martins Pena, mas sempre foi criticada por seu excesso de caricatura. Talvez seja porque o jogo dos personagens é muito rápido, uns se refletindo nos outros, num movimento binário de gangorra. *O vum, vum, vim, vim*, como diz Fabiana na cena 1, descrevendo o som da rabeca, mas que também pode se estender à própria peça.

Os personagens se arrumam em duplas espelhadas: Nicolau e Fabiana com seus dois filhos (Olaia e Sabino), que se casam com dois irmãos (Eduardo e Paulina), filhos de Anselmo. De sobra, um casal de crianças vestidas de anjinhos. Pertencendo todos a duas famílias, tudo se relaciona estreitamente. O compasso binário é sublinhado por bater de pés (como ocorre em certos momentos da ópera) e por trechos cantados, a pretexto da gagueira de um dos personagens.

A peça possui perfeita unidade de ação e um só enredo, ao contrário da maioria das peças de nosso autor, como em *O noviço*, que mistura farsa e melodrama; além disso, *Quem casa quer casa* tem a estrutura clara de provérbio dramático, ou peça-provérbio, que voltara à moda no século XIX. Ela consta de uma proposta (provar que quem casa, quer casa) e sua demonstração. Por isso se aproxima de uma peça de tese.

Mas ao contrário de *O juiz de paz da roça*, em que as cenas do julgamento não se ajustam perfeitamente à trama, aqui tudo é funcional: a crítica ao país é vista, em primeiro lugar, em referência à concepção atrasada e equivocada da arte. Eduardo, por exemplo, confunde originalidade artística com acrobacia: "Inventei um modo novo, estupendo e desusado: eles tocam rabeca *com* o arco, e eu toco a rabeca *no* arco — eis minha descoberta". (cena 13)

É bom saber que violinistas itinerantes nos visitaram na época, todos ditos discípulos de Paganini. Um destes foi elogiado porque imitava, no violino, gorjeios de pássaros e relincho de animais. Eduardo pensa que isso é arte. (A referência a Vieira só se justifica por lhe ter sido atribuída a *Arte de furtar*).

Em segundo lugar, há uma viva crítica à religião. A fala de Fabiana, na cena 5, é um bom exemplo, quando ela acusa a carolice do marido, afirmando que "o sentimento religioso está na alma, e esse transpira nas menores ações da vida".

Ao lado dessas críticas, percebe-se que *Quem casa quer casa* expõe uma retórica cômica da briga, com seu rol de xingamentos, ameaças, batidas de pés e corpo a corpo entre as famílias. O aspecto exterior da religião com pessoas vestidas com o hábito, além dos anjinhos da procissão, fornece elementos preciosos para o contraste tão teorizado pelo autor.

Não podemos também esquecer o desejo confessado várias vezes por Martins Pena em suas crônicas musicais: escrever a ópera cômica nacional. *Quem casa quer casa*, com um ator gago cantando e sendo imitado, além da gesticulação operística, não pode ser considerada uma antecipação desse desejo?

Infelizmente ele se calou antes de realizá-lo.

* * *

Glossário de termos teatrais

Comédia: o núcleo da comédia nova da Antiguidade era um casal jovem lutando pelo amor e com final feliz, pois derrotavam a tradição e os velhos. Esta é a base da comédia de costumes farsesca que Martins Pena escreveu, criticando e descrevendo os usos de uma sociedade.

Farsa: radicaliza a comédia; a situação cômica é exagerada, admitindo o grotesco e a pancadaria.

Commedia dell'arte: comédia de improviso e popular na Itália nos séculos XVI e XVII, criação coletiva dos atores, com mímica e personagens mascarados: Arlequim, Colombina etc.; sobrevive até hoje, principalmente no cinema e na televisão.

Entremez: significa "intermédio"; peça curta e cômica durante uma festa ou entre os atos de uma outra peça.

Peça de tese: expõe questões morais ou políticas; potencialmente toda peça é de tese.

Melodrama: perseguição dos bons, punição dos maus, vitória da virtude; visa comover o público com o uso da música em momentos dramáticos etc. Domina hoje nas telenovelas e nos romances baratos.

Contraste: um dos principais e básicos procedimentos teatrais, cuja construção se desenrola por meio de ideias, imagens e personagens opostos.

Bibliografia: a principal está contida no livro de Décio de Almeida Prado, *História concisa do teatro brasileiro —* (1570 – 1908). São Paulo, Edusp/Imprensa Oficial, 1999.

O juiz de paz da roça
(Comédia em um ato)

Personagens

JUIZ DE PAZ
ESCRIVÃO DO [Juiz de Paz]
MANUEL JOÃO: lavrador [guarda nacional]
MARIA ROSA: sua mulher
ANINHA: sua filha
JOSÉ [DA FONSECA]: amante de Aninha

Lavradores

INÁCIO JOSÉ
JOSÉ DA SILVA
FRANCISCO ANTÔNIO
MANUEL ANDRÉ
SAMPAIO
TOMÁS
JOSEFA JOAQUINA
GREGÓRIO
[NEGROS]

[A cena é na roça.]

Único ato

Cena I

(*Sala com uma porta no fundo. No meio uma mesa, junto à qual estarão cosendo Maria Rosa e Aninha*)

MARIA ROSA
Teu pai hoje tarda muito.

ANINHA
Ele disse que tinha hoje muito que fazer.

MARIA ROSA
Pobre homem! Mata-se com tanto trabalho! É quase meio-dia e ainda não voltou. Desde às quatro horas da manhã que saiu; está só com uma xícara de café.

ANINHA
Meu pai quando principia um trabalho não gosta de o largar, e minha mãe bem sabe que ele tem só a Agostinho.

MARIA ROSA
É verdade. Os meias-caras[1] agora estão tão caros! Quando havia valongo eram mais baratos.

ANINHA
Meu pai disse que quando desmanchar o mandiocal grande há de comprar uma negrinha para mim.

---

[1] Escravo importado por contrabando.

MARIA ROSA
Também já me disse.

ANINHA
Minha mãe, já preparou a jacuba[2] para meu pai?

MARIA ROSA
É verdade! De que me ia esquecendo! Vai aí fora e traz dois limões.
(*Aninha sai*) Se o Manuel João viesse e não achasse a jacuba pronta, tínhamos campanha velha. Do que me tinha esquecido! (*Entra Aninha*)

ANINHA
Aqui estão os limões.

MARIA ROSA
Fica tomando conta aqui, enquanto eu vou lá dentro. (*Sai*)

ANINHA, (*só*)
Minha mãe já se ia demorando muito. Pensava que já não poderia falar co senhor José, que está esperando-me debaixo dos cafezeiros. Mas como minha mãe está lá dentro, e meu pai não entra nesta meia hora, posso fazê-lo entrar aqui. (*Chega à porta e acena com o lenço*) Ele aí vem.

Cena II

(*Entra José com calça e jaqueta branca*)

JOSÉ
Adeus, minha Aninha! (*Quer abraçá-la*)

---

[2] Bebida ou pirão preparado com água, farinha de mandioca e cachaça.

ANINHA
Fique quieto... Não gosto destes brinquedos. Eu quero casar-me com o senhor, mas não quero que me abrace antes de nos casarmos. Esta gente quando vai à Corte, vem perdida. Ora diga-me, concluiu a venda do bananal que seu pai lhe deixou?

JOSÉ
Concluí.

ANINHA
Se o senhor agora tem dinheiro, por que não me pede a meu pai?

JOSÉ
Dinheiro? Nem vintém!

ANINHA
Nem vintém! Então o que fez do dinheiro? É assim que me ama? (*Chora*)

JOSÉ
Minha Aninha, não chores. Oh, se tu soubesses como é bonita a Corte! Tenho um projeto que te quero dizer.

ANINHA
Qual é?

JOSÉ
Você sabe que eu agora estou pobre como Jó, e então tenho pensado em uma coisa. Nós nos casaremos na freguesia, sem que teu pai o saiba; depois partiremos para a Corte e lá viveremos.

ANINHA
Mas como? Sem dinheiro?

JOSÉ
Não te dê isso cuidado: assentarei praça[3] nos Permanentes.

ANINHA
E minha mãe?

JOSÉ
Que fique raspando mandioca, que é ofício leve. Vamos para a Corte, que você verá o que é bom.

ANINHA
Mas então o que é que há lá tão bonito?

JOSÉ
Eu te digo: Há três teatros, e um deles maior que o engenho do capitão-mor.

ANINHA
Oh, como é grande!

JOSÉ
Representa-se todas as noites. Pois uma mágica... Oh, isto é coisa grande!

ANINHA
O que é mágica?

JOSÉ
Mágica é uma peça de muito maquinismo.

ANINHA
Maquinismo?

JOSÉ
Sim, maquinismo. Eu te explico. Uma árvore se vira em

---

[3] "deslanchar; conceber".

uma barraca; paus viram-se em cobras, e um homem vira-se em macaco.

ANINHA
Em macaco! Coitado do homem!

JOSÉ
Mas não é de verdade.

ANINHA
Ah, como deve ser bonito! E tem rabo?

JOSÉ
Tem rabo, tem.

ANINHA
Oh, homem!

JOSÉ
Pois o curro dos cavalinhos! Isto é que é coisa grande! Há uns cavalos tão bem ensinados, que dançam, fazem mesuras, saltam, falam, etc. Porém o que mais me espantou foi ver um homem andar em pé em cima do cavalo.

ANINHA
Em pé? E não cai?

JOSÉ
Não. Outros fingem-se bêbados, jogam os socos, fazem exercício — e tudo isto sem caírem. E há um macaco chamado o macaco Major, que é coisa de espantar.

ANINHA
Há muitos macacos lá?

JOSÉ
Há, e macacas também.

ANINHA
Que vontade tenho eu de ver todas estas coisas!

JOSÉ
Além disto há outros muitos divertimentos. Na Rua do Ouvidor há um cosmorama, na Rua de São Francisco de Paula outro, e no Largo uma casa onde se veem muitos bichos cheios, muitas conchas, cabritos com duas cabeças, porcos com cinco pernas, etc.

ANINHA
Quando é que você pretende casar-se comigo?

JOSÉ
O vigário está pronto para qualquer hora.

ANINHA
Então, amanhã de manhã.

JOSÉ
Pois sim. (*Cantam dentro*)

ANINHA
Aí vem meu pai! Vai-te embora antes que ele te veja.

JOSÉ
Adeus, até amanhã de manhã.

ANINHA
Olhe lá, não falte! (*Sai José*)

Cena III

ANINHA, (*só*)
Como é bonita a Corte! Lá é que a gente se pode divertir, e não aqui, onde não se ouve senão os sapos e as intanhas[4] cantarem. Teatros, mágicas, cavalos que dançam, cabeças com dois cabritos, macaco major... Quanta coisa! Quero ir para a Corte!

Cena IV

(*Entra Manuel João com uma enxada no ombro, vestido de calças de ganga azul, com uma das pernas arregaçada, japona de baeta azul e descalço. Acompanha-o um negro com um cesto na cabeça e uma enxada no ombro, vestido de camisa e calça de algodão*)

ANINHA
Abença, meu pai.

MANUEL JOÃO
Adeus, rapariga. Onde está tua mãe?

ANINHA
Está lá dentro preparando a jacuba.

MANUEL JOÃO
Vai dizer que traga, pois estou com muito calor.
(*Aninha sai*)
(*M. João, para o negro*) Olá, Agostinho, leva estas enxadas lá para dentro e vai botar este café no sol. (*O preto sai. Manuel João senta-se*) Estou que não posso comigo; tenho trabalhado como um burro!

---

[4] Tipo de sapo que possui chifre pequeno.

Cena V

(Entra Maria Rosa com uma tigela na mão, e Aninha a acompanha)

MANUEL JOÃO
Adeus, Senhora Maria Rosa.

MARIA ROSA
Adeus, meu amigo. Estás muito cansado?

MANUEL JOÃO
Muito. Dá-me cá isso.

MARIA ROSA
Pensando que você viria muito cansado, fiz a tigela cheia.

MANUEL JOÃO
Obrigado. (*Bebendo*) Hoje trabalhei como gente... Limpei o mandiocal, que estava muito sujo... Fiz uma derrubada do lado de Francisco Antônio... Limpei a vala de Maria do Rosário, que estava muito suja e encharcada, e logo pretendo colher café. Aninha?

ANINHA
Meu pai?

MANUEL JOÃO
Quando acabares de jantar, pega em um samburá[5] e vai colher o café que está à roda da casa.

ANINHA
Sim, senhor.

MANUEL JOÃO
Senhora, a janta está pronta?

---

[5] Cesta de cipó usada para carregar peixe ou frutas, legumes, etc.

MARIA ROSA
Há muito tempo.

MANUEL JOÃO
Pois traga.

MARIA ROSA
Aninha, vai buscar a janta de teu pai. (*Aninha sai*)

MANUEL JOÃO
Senhora, sabe que mais? É preciso casarmos esta rapariga.

MARIA ROSA
Eu já tenho pensado nisto; mas nós somos pobres, e quem é pobre não casa.

MANUEL JOÃO
Sim, senhora, mas uma pessoa já me deu a entender que logo que puder abocar três ou quatro meias-caras destes que se dão, me havia de falar nisso... Com mais vagar trataremos deste negócio. (*Entra Aninha com dois pratos e os deixa em cima da mesa*)

ANINHA
Minha mãe, a carne-seca acabou-se.

MANUEL JOÃO
Já?!

MARIA ROSA
A última vez veio só meia arroba.

MANUEL JOÃO
Carne boa não faz conta, voa. Assentem-se e jantem. (*Assentam-se todos e comem com as mãos. O jantar consta de carne-seca, feijão e laranjas*) Não há carne-seca para o negro?

ANINHA
Não, senhor.

MANUEL JOÃO
Pois coma laranjas com farinha, que não é melhor do que eu. Esta carne está dura como um couro... Irra! Um dia destes eu... Diabo de carne!... hei de fazer uma plantação... Lá se vão os dentes!... Deviam ter botado esta carne de molho no corgo[6]... Que diabo de laranjas tão azedas! (*Batem à porta*) Quem é? (*Logo que Manuel João ouve bater na porta, esconde os pratos na gaveta e lambe os dedos*)

ESCRIVÃO, (*dentro*)
Dá licença, Senhor Manuel João?

MANUEL JOÃO
Entre quem é.

ESCRIVÃO, (*entrando*)
Deus esteja nesta casa.

MARIA ROSA e MANUEL JOÃO
Amém.

ESCRIVÃO
Um criado da Senhora Dona e da Senhora Doninha.

MARIA ROSA e ANINHA
Uma sua criada. (*Cumprimentam*)

MANUEL JOÃO
O senhor por aqui a estas horas é novidade.

ESCRIVÃO
Venho da parte do senhor Juiz de Paz intimá-lo para levar um recruta à cidade.

---

[6] Mesmo que córrego.

MANUEL JOÃO
Ó homem, não há mais ninguém que sirva para isto?

ESCRIVÃO
Todos se recusam do mesmo modo, e o serviço no entanto há de se fazer.

MANUEL JOÃO
Sim, os pobres é que o pagam.

ESCRIVÃO
Meu amigo, isto é falta de patriotismo. Vós bem sabeis que é preciso mandar gente para o Rio Grande; quando não, perdemos esta província.

MANUEL JOÃO
E que me importa eu com isso? Quem as armou que as desarme.

ESCRIVÃO
Mas, meu amigo, os rebeldes têm feito por lá horrores!

MANUEL JOÃO
E que quer o senhor que se lhe faça? Ora é boa!

ESCRIVÃO
Não diga isto, senhor Manuel João, a rebelião...

MANUEL JOÃO, (*gritando*)
E que me importa eu com isso?... E o senhor a dar-lhe...

ESCRIVÃO, (*zangado*)
O senhor Juiz manda dizer-lhe que se não for, irá preso.

MANUEL JOÃO
Pois diga com todos os diabos ao senhor Juiz que lá irei.

ESCRIVÃO, (*à parte*)
Em boa hora o digas. Apre! Custou-me achar um guarda... Às vossas ordens.

MANUEL JOÃO
Um seu criado.

ESCRIVÃO
Sentido nos seus cães.

MANUEL JOÃO
Não mordem.

ESCRIVÃO
Senhora Dona, passe muito bem. (*Sai o escrivão*)

MANUEL JOÃO
Mulher, arranja esta sala, enquanto me vou fardar. (*Sai M. João*)

Cena VI

MARIA ROSA
Pobre homem! Ir à cidade somente para levar um preso! Perder assim um dia de trabalho...

ANINHA
Minha mãe, pra que é que mandam a gente presa para a cidade?

MARIA ROSA
Pra irem à guerra.

ANINHA
Coitados!

MARIA ROSA
Não se dá maior injustiça! Manuel João está todos os dias vestindo a farda. Ora pra levar presos, ora pra dar nos quilombos... É um nunca acabar.

ANINHA
Mas meu pai pra que vai?

MARIA ROSA
Porque o Juiz de Paz o obriga.

ANINHA
Ora, ele podia ficar em casa; e se o Juiz de Paz cá viesse buscá-lo, não tinha mais que iscar a Jiboia e a Boca-Negra.

MARIA ROSA
És uma tolinha! E a cadeia ao depois?

ANINHA
Ah, eu não sabia.

Cena VII

(*Entra Manuel João com a mesma calça e jaqueta de chita, tamancos, barretina da Guarda Nacional, cinturão com baioneta e um grande pau na mão*)

MANUEL JOÃO, (*entrando*)
Estou fardado. Adeus, senhora, até amanhã. (*Dá um abraço*)

ANINHA
Abença, meu pai.

MANUEL JOÃO
Adeus, menina.

ANINHA
Como meu pai vai à cidade, não se esqueça dos sapatos franceses que me prometeu.

MANUEL JOÃO
Pois sim.

MARIA ROSA
De caminho compre carne.

MANUEL JOÃO
Sim. Adeus, minha gente, adeus.

MARIA ROSA e ANINHA
Adeus! (*Acompanham-no até a porta*)

MANUEL JOÃO, (*à porta*)
Não se esqueça de mexer a farinha e de dar que comer às galinhas.

MARIA ROSA
Não. Adeus! (*Sai Manuel João*)

Cena VIII

MARIA ROSA
Menina, ajuda-me a levar estes pratos para dentro. São horas de tu ires colher o café e de eu ir mexer a farinha... Vamos.

ANINHA
Vamos, minha mãe. (*Andando*) Tomara que meu pai não se esqueça dos meus sapatos... (*Saem*)

Cena IX

(*Sala em casa do Juiz de Paz. Mesa no meio com papéis; cadeiras. Entra o Juiz de Paz vestido de calça branca, rodaque de riscado, chinelas verdes e sem gravata*)

JUIZ
Vamo-nos preparando para dar audiência. (*Arranja os papéis*) O escrivão já tarda; sem dúvida está na venda do Manuel do Coqueiro... O último recruta que se fez já vai-me fazendo peso. Nada, não gosto de presos em casa. Podem fugir, e depois dizem que o Juiz recebeu algum presente. (*Batem à porta*) Quem é? Pode entrar. (*Entra um preto com um cacho de bananas e uma carta, que entrega ao Juiz. Juiz lendo a carta*) "Ilmo. Sr. — Muito me alegro de dizer a V.Sa. que a minha ao fazer desta é boa, e que a mesma desejo para V.Sa. pelos circunlóquios com que lhe venero". (*Deixando de ler*) Circunlóquios... Que nome em breve! O que quererá ele dizer? Continuemos. (*Lendo*) "Tomo a liberdade de mandar a V.Sa. um cacho de bananas-maçãs para V.Sa. comer com a sua boca e dar também a comer à V. Sa. Juíza e aos Srs. Juizinhos. V.Sa. há de reparar na insignificância do presente; porém, Ilmo. Sr., as reformas da Constituição permitem a cada um fazer o que quiser, e mesmo fazer presentes; ora, mandando assim as ditas reformas, V.Sa. fará o favor de aceitar as ditas bananas, que diz minha Teresa Ova serem muito boas. No mais, receba as ordens de quem é seu venerador e tem a honra de ser — Manuel André de Sapiruruca." — Bom, tenho bananas para a sobremesa. Ó pai, leva estas bananas para dentro e entrega à senhora. Toma lá um vintém para teu tabaco. *(Sai o negro)* O certo é que é bem bom ser Juiz de Paz cá pela roça. De vez em quando temos nossos presentes de galinhas, bananas, ovos, etc., etc. *(Batem à porta)* Quem é?

ESCRIVÃO, (*dentro*)
Sou eu.

JUIZ
Ah, é o escrivão. Pode entrar.

Cena X

ESCRIVÃO
Já intimei Manuel João para levar o preso à cidade.

JUIZ
Bom. Agora vamos nós preparar a audiência. (*Assentam-se ambos à mesa e o Juiz toca a campainha*) Os senhores que estão lá fora no terreiro podem entrar. (*Entram todos os lavradores vestidos como roceiros; uns de jaqueta de chita, chapéu de palha, calças brancas de ganga, de tamancos, descalços; outros calçam os sapatos e meias quando entram, etc. Tomás traz um leitão debaixo do braço*) Está aberta a audiência. Os seus requerimentos?

Cena XI

(*Inácio José, Francisco Antônio, Manuel André e Sampaio entregam seus requerimentos*)

JUIZ
Sr. Escrivão, faça o favor de ler.

ESCRIVÃO, (*lendo*)
Diz Inácio José, natural desta freguesia e casado com Josefa Joaquina, sua mulher na face da Igreja, que precisa que V. Sa. mande a Gregório degradado para fora da terra, pois teve o atrevimento de dar uma embigada[7] em sua mulher, na encruzilhada do Pau-Grande, que quase a fez abortar, da qual embigada fez cair a dita sua mulher de pernas para o ar. Portanto pede a V. Sa. mande o dito Gregório degradado para Angola. E.R.M.

JUIZ
É verdade, Sr. Gregório, que o senhor deu uma embigada na senhora?

---

[7] Embate do umbigo contra umbigo.

GREGÓRIO
É mentira, Sr. Juiz de Paz, eu não dou embigadas em bruxas.

JOSEFA JOAQUINA
Bruxa é a marafona de tua mulher, malcriado! Já não se lembra que me deu uma embigada, e que me deixou uma marca roxa na barriga? Se o senhor quer ver, posso mostrar.

JUIZ
Nada, nada, não é preciso; eu o creio.

JOSEFA JOAQUINA
Sr. Juiz, não é a primeira embigada que este homem me dá; eu é que não tenho querido contar a meu marido.

JUIZ
Está bom, senhora, sossegue. Sr. Inácio José, deixe-se destas asneiras, dar embigadas não é crime classificado no Código. Sr. Gregório, faça o favor de não dar mais embigadas na senhora; quando não, arrumo-lhe com as leis às costas e meto-o na cadeia. Queiram-se retirar.

INÁCIO JOSÉ, (*para Gregório*)
Lá fora me pagarás.

JUIZ
Estão conciliados. (*Inácio José, Gregório e Josefa Joaquina saem*) Sr. Escrivão, leia outro requerimento.

ESCRIVÃO, *lendo*
"O abaixo-assinado vem dar os parabéns a V.Sa. por ter entrado com saúde no novo ano financeiro. Eu, Ilmo Sr. Juiz de Paz, sou senhor de um sítio que está na beira do rio, onde dá muito boas bananas e laranjas, e como vem de encaixe, peço a V.Sa. o favor de aceitar um cestinho das mesmas que eu mandarei hoje à tarde. Mas, como ia dizendo, o dito sítio foi comprado com o dinheiro que minha mulher ganhou nas

costuras e outras coisas mais; e, vai senão quando, um meu vizinho, homem da raça do Judas, diz que metade do sítio é dele. E então, que lhe parece, Sr. Juiz, não é desaforo? Mas, como ia dizendo, peço a V.Sa. para vir assistir à marcação do sítio. Manuel André. E.R.M."

JUIZ
Não posso deferir por estar muito atravancado com um roçado; portanto, requeira ao suplente, que é o meu compadre Pantaleão.

MANUEL ANDRÉ
Mas, Sr. Juiz, ele também está ocupado com uma plantação.

JUIZ
Você replica? Olhe que o mando para a cadeia.

MANUEL ANDRÉ
Vossa Senhoria não pode prender-me à toa: a Constituição não manda.

JUIZ
A Constituição!... Está bem!... Eu, o Juiz de Paz, hei por bem derrogar a Constituição! Sr. Escrivão, tome termo que a Constituição está derrogada, e mande-me prender este homem.

MANUEL ANDRÉ
Isto é uma injustiça!

JUIZ
Ainda fala? Suspendo-lhe as garantias...

MANUEL ANDRÉ
É desaforo...

JUIZ, (*levantando-se*)
Brejeiro!... (*Manuel André corre; o Juiz vai atrás*) Pega... Pega... Lá se foi... Que o leve o diabo. (*Assenta-se*) Vamos às outras partes.

ESCRIVÃO, (*lendo*)
Diz João de Sampaio que, sendo ele "senhor absoluto de um leitão que teve a porca mais velha da casa, aconteceu que o dito acima referido leitão furasse a cerca do Sr. Tomás pela parte de trás, e com a sem-cerimônia que tem todo o porco, fossasse a horta do mesmo senhor. Vou a respeito de dizer, Sr. Juiz, que o leitão, carece agora advertir, não tem culpa, porque nunca vi um porco pensar como um cão, que é outra qualidade de alimária e que pensa às vezes como um homem. Para V.Sa. não pensar que minto, lhe conto uma história: a minha cadela Troia, aquela mesma que escapou de morder a V.Sa. naquela noite, depois que lhe dei uma tunda,[8] nunca mais comeu na cuia com os pequenos. Mas vou a respeito de dizer que o Sr. Tomás não tem razão em querer ficar com o leitão só porque comeu três ou quatro cabeças de nabo. Assim, peço a V.Sa. que mande entregar-me o leitão. E.R.M."

JUIZ
É verdade, Sr. Tomás, o que o Sr. Sampaio diz?

TOMÁS
É verdade que o leitão era dele, porém agora é meu.

SAMPAIO
Mas se era meu, e o senhor nem mo comprou, nem eu lho dei, como pode ser seu?

TOMÁS
É meu, tenho dito.

---

[8] Sova; pancadaria.

SAMPAIO
Pois não é, não senhor. (*Agarram ambos no leitão e puxam, cada um para sua banda*)

JUIZ, (*levantando-se*)
Larguem o pobre animal, não o matem!

TOMÁS
Deixe-me, senhor!

JUIZ
Sr. Escrivão, chame o meirinho. (*Os dois apartam-se*) Espere, Sr. Escrivão, não é preciso. (*Assenta-se*) Meus senhores, só vejo um modo de conciliar esta contenda, que é darem os senhores este leitão de presente a alguma pessoa. Não digo com isso que mo deem.

TOMÁS
Lembra Vossa Senhoria bem. Peço licença a Vossa Senhoria para lhe oferecer.

JUIZ
Muito obrigado. É o senhor um homem de bem, que não gosta de demandas. E que diz o Sr. Sampaio?

SAMPAIO
Vou a respeito de dizer que, se Vossa Senhoria aceita, fico contente.

JUIZ
Muito obrigado, muito obrigado! Faça o favor de deixar ver. Ó homem, está gordo, tem toucinho de quatro dedos! Com efeito! Ora, Sr. Tomás, eu que gosto tanto de porco com ervilha!

TOMÁS
Se Vossa Senhoria quer, posso mandar algumas.

JUIZ
Faz-me muito favor. Tome o leitão e bote no chiqueiro quando passar. Sabe onde é?

TOMÁS, (*tomando o leitão*)
Sim, senhor.

JUIZ
Podem se retirar, estão conciliados.

SAMPAIO
Tenho ainda um requerimento que fazer.

JUIZ
Então, qual é?

SAMPAIO
Desejava que Vossa Senhoria mandasse citar a Assembleia Provincial.

JUIZ
Ó homem! Citar a Assembleia Provincial? E para quê?

SAMPAIO
Pra mandar fazer cercado de espinhos em todas as hortas.

JUIZ
Isto é impossível! A Assembleia Provincial não pode ocupar-se com estas insignificâncias.

TOMÁS
Insignificância, bem! Mas os votos que Vossa Senhoria pediu-me para aqueles sujeitos não era insignificância. Então me prometeu mundos e fundos.

JUIZ
Está bom, veremos o que poderei fazer. Queiram-se retirar. Estão conciliados; tenho mais que fazer. (*Saem os dois*)

Sr. Escrivão; faça o favor de... (*Levanta-se apressado e, chegando à porta, grita para fora*) Ó Sr. Tomás! Não se esqueça de deixar o leitão no chiqueiro!

TOMÁS, (*ao longe*)
Sim, senhor.

JUIZ, (*assentando-se*)
Era muito capaz de se esquecer. Sr. Escrivão, leia o outro requerimento.

ESCRIVÃO, (*lendo*)
Diz Francisco Antônio, natural de Portugal, porém brasileiro, que tendo ele casado com Rosa de Jesus, trouxe esta por dote uma égua. "Ora, acontecendo ter a égua de minha mulher um filho, o meu vizinho José da Silva diz que é dele, só porque o dito filho da égua de minha mulher saiu malhado como o seu cavalo. Ora, como os filhos pertencem às mães, e a prova disto é que a minha escrava Maria tem um filho que é meu, peço a V. Sa. mande o dito meu vizinho entregar-me o filho da égua que é de minha mulher".

JUIZ
É verdade que o senhor tem o filho da égua preso?

JOSÉ DA SILVA
É verdade; porém o filho me pertence, pois é meu, que é do cavalo.

JUIZ
Terá a bondade de entregar o filho a seu dono, pois é aqui da mulher do senhor.

JOSÉ DA SILVA
Mas, Sr. Juiz...

JUIZ
Nem mais nem meio mais; entregue o filho, senão, cadeia.

JOSÉ DA SILVA
Eu vou queixar-me ao Presidente.

JUIZ
Pois vá, que eu tomarei a apelação.

JOSÉ DA SILVA
E eu embargo.

JUIZ
Embargue ou não embargue, embargue com trezentos mil diabos, que eu não concederei revista no auto do processo!

JOSÉ DA SILVA
Eu lhe mostrarei, deixe estar.

JUIZ
Sr. Escrivão, não dê anistia a este rebelde, e mande-o agarrar para soldado.

JOSÉ DA SILVA, (*com humildade*)
Vossa Senhoria não se arrenegue! Eu entregarei o pequira.[9]

JUIZ
Pois bem, retirem-se; estão conciliados. (*Saem os dois*) Não há mais ninguém? Bom, está fechada a sessão. Hoje cansaram-me!

MANUEL JOÃO, (*dentro*)
Dá licença?

JUIZ
Quem é? Pode entrar.

MANUEL JOÃO, (*entrando*)
Um criado de Vossa Senhoria.

---

[9] Nome dado ao cavalo pequeno; coisa sem importância.

JUIZ
Oh, é o senhor? Queira ter a bondade de esperar um pouco, enquanto vou buscar o preso. (*Abre uma porta do lado*) Queira sair para fora.

Cena XII

(*Entra José*)

JUIZ
Aqui está o recruta; queira levar para a cidade. Deixe-o no quartel do Campo de Santana e vá levar esta parte ao general. (*Dá-lhe um papel*)

MANUEL JOÃO
Sim, senhor. Mas, Sr. Juiz, isto não podia ficar para amanhã? Hoje já é tarde, pode anoitecer no caminho e o sujeitinho fugir.

JUIZ
Mas onde há de ele ficar? Bem sabe que não temos cadeias.

MANUEL JOÃO
Isto é o diabo!

JUIZ
Só se o senhor quiser levá-lo para sua casa e prendê-lo até amanhã, ou num quarto, ou na casa da farinha.

MANUEL JOÃO
Pois bem, levarei.

JUIZ
Sentido que não fuja.

MANUEL JOÃO
Sim, senhor. Rapaz, acompanha-me. (*Saem Manuel João e José*)

Cena XIII

JUIZ
Agora vamos nós jantar. (*Quando se dispõem para sair, batem à porta*) Mais um! Estas gentes pensam que um juiz é de ferro! Entre quem é!

Cena XIV

(*Entra Josefa Joaquina com três galinhas penduradas na mão e uma cuia com ovos*)

JUIZ
Ordena alguma coisa?

JOSEFA JOAQUINA
Trazia este presente para o Sr. Juiz. Queira perdoar não ser coisa capaz. Não trouxe mais porque a peste deu lá em casa, que só ficaram estas que trago, e a carijó que ficou chocando.

JUIZ
Está bom, muito obrigado pela sua lembrança. Quer jantar?

JOSEFA JOAQUINA
Vossa Senhoria faça o seu gosto, que este é o meu que já fiz em casa.

JUIZ
Então, com sua licença.

JOSEFA JOAQUINA
Uma sua criada. (*Sai*)

Cena XV

JUIZ (*com as galinhas nas mãos*)
Ao menos com esta visita lucrei. Sr. Escrivão, veja como estão gordas! Levam a mão abaixo. Então, que diz?

ESCRIVÃO
Parecem uns perus.

JUIZ
Vamos jantar. Traga estes ovos (*Saem*)

Cena XVI

(*Casa de Manuel João. Entram Maria Rosa e Aninha com um samburá na mão*)

MARIA ROSA
Estou moída! Já mexi dous alqueires de farinha.

ANINHA
Minha mãe, aqui está o café.

MARIA ROSA
Bota aí. Onde estará aquele maldito negro?

Cena XVII

(*Entram Manuel João e José*)

MANUEL JOÃO
Deus esteja nesta casa.

MARIA ROSA
Manuel João!...

ANINHA
Meu pai!...

MANUEL JOÃO, (*para José*)
Faça o favor de entrar.

ANINHA, (*à parte*)
Meu Deus, é ele!

MARIA ROSA
O que é isto? Não foste para a cidade?

MANUEL JOÃO
Não, porque era tarde e não queria que este sujeito fugisse no caminho.

MARIA ROSA
Então quando vais?

MANUEL JOÃO
Amanhã de madrugada. Este amigo dormirá trancado naquele quarto. Onde está a chave?

MARIA ROSA
Na porta.

MANUEL JOÃO
Amigo, venha cá. (*Chega à porta do quarto e diz*) Ficará aqui até amanhã. Lá dentro há uma cama; entre. (*José entra*) Bom, está seguro. Senhora, vamos para dentro contar quantas dúzias temos de bananas para levar amanhã para a cidade. A chave fica em cima da mesa: lembrem-me, se me esquecer. (*Saem Manuel João e Maria Rosa*)

Cena XVIII

ANINHA, (*só*)
Vou dar-lhe escapula... Mas como se deixou prender?... Ele me contará; vamos abrir. *(Pega na chave que está sobre a mesa e abre a porta)* Saia para fora.

JOSÉ, (*entrando*)
Oh, minha Aninha, quanto te devo!

ANINHA
Deixemo-nos de cumprimentos. Diga-me, como se deixou prender?

JOSÉ
Assim que botei os pés fora desta porta, encontrei com o Juiz, que me mandou agarrar.

ANINHA
Coitado!

JOSÉ
E se teu pai não fosse incumbido de me levar, estava perdido, havia de ser soldado por força.

ANINHA
Se nós fugíssemos agora para nos casarmos?

JOSÉ
Lembras muito bem. O vigário a estas horas está na igreja, e pode fazer-se tudo com brevidade.

ANINHA
Pois vamos, antes que meu pai venha.

JOSÉ
Vamos. (*Saem correndo*)

Cena XIX

MARIA ROSA, (*entrando*)
Ó Aninha! Aninha! Onde está esta maldita? Aninha! Mas o que é isto? Esta porta aberta? Ah! Sr. Manuel João! Sr. Manuel João!

MANUEL JOÃO, (*dentro*)
O que é lá?

MARIA ROSA
Venha cá depressa. (*Entra Manuel João em mangas de camisa*)

MANUEL JOÃO
Então, o que é?

MARIA ROSA
O soldado fugiu!

MANUEL JOÃO
O que dizes, mulher?!

MARIA ROSA, (*apontando para a porta*)
Olhe!

MANUEL JOÃO
Ó diabo! (*Chega-se para o quarto*) É verdade, fugiu! Tanto melhor, não terei o trabalho de o levar à cidade.

MARIA ROSA
Mas ele não fugiu só...

MANUEL JOÃO
Hem?!

MARIA ROSA
Aninha fugiu com ele.

MANUEL JOÃO
Aninha?!

MARIA ROSA
Sim.

MANUEL JOÃO
Minha filha fugir com um vadio daqueles! Eis aqui o que fazem as guerras do Rio Grande!

MARIA ROSA
Ingrata! Filha ingrata!

MANUEL JOÃO
Dê-me lá minha jaqueta e meu chapéu, que quero ir à casa do Juiz de Paz fazer queixa do que nos sucede. Hei de mostrar àquele mequetrefe quem é Manuel João... Vá, senhora, não esteja a choramingar.

Cena XX

(Entram José e Aninha e ajoelham-se nos pés de Manuel João)

AMBOS
Senhor!

MANUEL JOÃO
O que é lá isso?

ANINHA
Meu pai, aqui está o meu marido.

MANUEL JOÃO
Teu marido?!

JOSÉ
Sim, senhor, seu marido. Há muito tempo que nos amamos, e, sabendo que não nos daríeis o vosso consentimento, fugimos e casamos na freguesia.

MANUEL JOÃO
E então? Agora peguem com um trapo quente. Está bom, levantem-se; já agora não há remédio. (*Aninha e José levantam-se. Aninha vai abraçar a mãe*)

ANINHA
E minha mãe, me perdoa?

MARIA ROSA
E quando é que eu não hei de perdoar-te? Não sou tua mãe? (*Abraçam-se*)

MANUEL JOÃO
É preciso agora irmos dar parte ao Juiz de Paz que você já não pode ser soldado, pois está casado. Senhora, vá buscar minha jaqueta. (*Sai Maria Rosa*) Então o senhor conta viver à minha custa, e com o meu trabalho?

JOSÉ
Não senhor, também tenho braços para ajudar; e se o senhor não quer que eu aqui viva, irei para a Corte.

MANUEL JOÃO
E que vai ser lá?

JOSÉ
Quando não possa ser outra coisa, serei ganhador da Guarda Nacional. Cada ronda rende um mil-réis e cada guarda três mil-réis.

MANUEL JOÃO
Ora, vá-se com os diabos, não seja tolo. (*Entra Maria Rosa com a jaqueta e chapéu, e de xale*)

MARIA ROSA
Aqui está.

MANUEL JOÃO, (*depois de vestir a jaqueta*)
Vamos pra casa do juiz.

TODOS
Vamos. (*Saem*)

Cena XXI

(*Casa do Juiz. Entra o Juiz de Paz e [o] Escrivão*)

JUIZ
Agora que estamos com a pança cheia, vamos trabalhar um pouco. (*Assentam-se à mesa*)

ESCRIVÃO
Vossa Senhoria vai amanhã à cidade?

JUIZ
Vou, sim. Quero-me aconselhar com um letrado para saber como hei de despachar alguns requerimentos que cá tenho.

ESCRIVÃO
Pois Vossa Senhoria não sabe despachar?

JUIZ
Eu? Ora essa é boa! Eu entendo cá disso? Ainda quando é algum caso de embigada, passe; mas casos sérios é outra coisa. Eu lhe conto o que me ia acontecendo um dia. Um meu amigo me aconselhou que, todas as vezes que eu não soubesse dar um despacho, que desse o seguinte: "Não tem lugar." Um dia apresentaram-me um requerimento de certo sujeito, queixando-se que sua mulher não queria viver com ele, etc. Eu, não sabendo que despacho dar, dei o seguinte: "Não tem

lugar." Isto mesmo é que queria a mulher; porém [o marido] fez uma bulha de todos os diabos; foi à cidade, queixou-se ao Presidente, e eu estive quase não quase suspenso. Nada, não me acontece outra.

ESCRIVÃO
Vossa Senhoria não se envergonha, sendo um Juiz de Paz?

JUIZ
Envergonhar-me de quê? O senhor ainda está muito de cor. Aqui para nós, que ninguém nos ouve, quantos Juízes de Direito há por estas comarcas que não sabem onde têm sua mão direita, quanto mais Juízes de Paz... E além disso, cada um faz o que sabe. (*Batem*) Quem é?

MANUEL JOÃO, (*dentro*)
Um criado de Vossa Senhoria.

JUIZ
Pode entrar.

Cena XXII

(*Entram Manuel João, Maria Rosa, Aninha e José*)

JUIZ, (*levantando-se*)
Então, o que é isto? Pensava que já estava longe daqui!

MANUEL JOÃO
Não, senhor, ainda não fui.

JUIZ
Isso vejo eu.

MANUEL JOÃO
Este rapaz não pode ser soldado.

JUIZ
Oh, uma rebelião? Sr. Escrivão, mande convocar a Guarda Nacional e oficie ao Governo.

MANUEL JOÃO
Vossa Senhoria não se aflija, este homem está casado.

JUIZ
Casado?!

MANUEL JOÃO
Sim, senhor, e com minha filha.

JUIZ
Ah, então não é rebelião... Mas vossa filha casada com um biltre destes?

MANUEL JOÃO
Tinha-o preso no meu quarto para levá-lo amanhã para a cidade; porém a menina, que foi mais esperta, furtou a chave e fugiu com ele.

ANINHA
Sim, senhor, Sr. Juiz. Há muito tempo que o amo, e como achei ocasião, aproveitei.

JUIZ
A menina não perde ocasião! Agora, o que está feito está feito. O senhor não irá mais para a cidade, pois está casado. Assim, não falemos mais nisso. Já que estão aqui, hão de fazer o favor de tomar uma xícara de café comigo, e dançarmos antes disto uma tirana. Vou mandar chamar mais algumas pessoas para fazerem a roda maior. (*Chega à porta*) Ó Antônio! Vai à venda do Sr. Manuel do Coqueiro e dize aos senhores que há pouco saíram daqui que façam o favor de chegarem até cá. (*Para José*) O senhor queira perdoar se o chamei de biltre; já aqui não está quem falou.

JOSÉ
Eu não me escandalizo; Vossa Senhoria tinha de algum modo razão, porém eu me emendarei.

MANUEL JOÃO
E se não se emendar, tenho um reio.

JUIZ
Senhora Dona, queira perdoar se ainda a não cortejei. (*Cumprimenta*)

MARIA ROSA, (*cumprimentando*)
Uma criada de Sua Excelência.

JUIZ
Obrigado, minha senhora... Aí chegam os amigos.

Cena última

(*Os mesmos e os que estiveram em cena*)

JUIZ
Sejam bem-vindos, meus senhores. (*Cumprimentam-se*) Eu os mandei chamar para tomarem uma xícara de café comigo e dançarmos um fado em obséquio ao Sr. Manuel João, que casou sua filha hoje.

TODOS
Obrigado a Vossa Senhoria.

INÁCIO JOSÉ, (*para Manuel João*)
Estimarei que sua filha seja feliz.

OS OUTROS
Da mesma sorte.

MANUEL JOÃO
Obrigado.

JUIZ
Sr. Escrivão, faça o favor de ir buscar a viola. (*Sai o Escrivão*) Não façam cerimônia; suponham que estão em suas casas... Haja liberdade. Esta casa não é agora do Juiz de Paz — é de João Rodrigues. Sr. Tomás, faz-me o favor? (*Tomás chega-se para o Juiz e este o leva para um canto*) O leitão ficou no chiqueiro?

TOMÁS
Ficou, sim, senhor.

JUIZ
Bom! (*Para os outros*) Vamos arranjar a roda. A noiva dançará comigo, e o noivo com sua sogra. Ó Sr. Manuel João, arranje outra roda... Vamos, vamos! (*Arranjam as rodas; o Escrivão entra com uma viola*) Os outros senhores abanquem-se... Sr. Escrivão, ou toque, ou dê a viola a algum dos senhores. Um fado bem rasgadinho... bem choradinho...

MANUEL JOÃO
Agora sou eu gente!

JUIZ
Bravo, minha gente! Toque, toque! (*Um dos atores toca a tirana na viola; os outros batem palmas e caquinhos, e os mais dançam*)

TOCADOR, (*cantando*)
Ganinha, minha senhora.
Da maior veneração;
Passarinho foi-se embora,
Me deixou penas na mão.

TODOS
Se me dás que comê,
Se me dás que bebê,
Se me pagas as casas,
Vou morar com você. (*Dançam*)

JUIZ
Assim, meu povo! Esquenta, esquenta!...

MANUEL JOÃO
Aferventa!...

TOCADOR, (*cantando*)
Em cima daquele morro
Há um pé de ananás;
Não há homem neste mundo
Como o nosso Juiz de Paz.

TODOS
Se me dás que comê,
Se me dás que bebê,
Se me pagas as casas,
Vou morar com você.

JUIZ
Aferventa, aferventa!...

Fim

Quem casa quer casa
(Provérbio em um ato)

Personagens

NICOLAU: marido de
FABIANA: mãe de
OLAIA e SABINO
ANSELMO: pai de
EDUARDO: irmão de
PAULINA.
Dois meninos e um homem.

[A cena passa-se no Rio de Janeiro, no ano de 1845.]

Único ato

(Sala com uma porta no fundo, duas à direita e duas à esquerda; uma mesa com o que é necessário para escrever-se, cadeiras, etc.)

Cena I

(Paulina e Fabiana. Paulina junto à porta da esquerda e Fabiana no meio da sala mostram-se enfurecidas)

PAULINA, (*batendo o pé*)
Hei de mandar!...

FABIANA, (*no mesmo*)
Não há de mandar!...

PAULINA, (*no mesmo*)
Hei de e hei de mandar!...

FABIANA
Não há de e não há de mandar!...

PAULINA
Eu lhe mostrarei. (*Sai*)

FABIANA
Ai, que estalo! Isto assim não vai longe... Duas senhoras a mandarem em uma casa... é o inferno! Duas senhoras? A senhora aqui sou eu; esta casa é de meu marido, e ela deve

obedecer-me, porque é minha nora. Quer também dar ordens; isso veremos...

PAULINA, (*aparecendo à porta*)
Hei de mandar, e hei de mandar, tenho dito! (*Sai*)

FABIANA, (*arrepelando-se de raiva*)
Hum! Ora, eis aí está para que se casou meu filho, e trouxe a mulher para a minha casa. É isto constantemente. Não sabe o senhor meu filho que quem casa quer casa.. Já não posso, não posso, não posso! (*Batendo com o pé*) Um dia arrebento, e então veremos! (*Tocam dentro rabeca*) Ai, que lá está o outro com a maldita rabeca... É o que se vê: casa-se meu filho e traz a mulher para minha casa... É uma desavergonhada, que se não pode aturar. Casa-se minha filha, e vem seu marido da mesma sorte morar comigo... É um preguiçoso, um indolente, que para nada serve. Depois que ouviu no teatro tocar rabeca, deu-lhe a mania para aí, e leva todo o santo dia — *vum, vum, vim, vim*! Já tenho a alma esfalfada. (*Gritando para a direita*) Ó homem, não deixarás essa maldita sanfona? Nada! (*Chamando*) Olaia! (*Gritando*) Olaia!

Cena II

(*Olaia e Fabiana*)

OLAIA, (*entrando pela direita*)
Minha mãe?

FABIANA
Não dirás a teu marido que deixe de atormentar-me os ouvidos com essa infernal rabecada?

OLAIA
Deixar ele a rabeca? A mamãe bem sabe que é impossível!

FABIANA
Impossível? Muito bem!...

OLAIA
Apenas levantou-se hoje da cama, enfiou as calças e pegou na rabeca — nem penteou os cabelos. Pôs uma folha de música diante de si, a que ele chama seu *Trêmolo* de Bériot,[1] e agora verás — *zás, zás!* (*Fazendo o movimento com os braços*) Com os olhos esbugalhados sobre a música, os cabelos arrepiados, o suor a correr em bagas pela testa e o braço num vaivém que causa vertigens!

FABIANA
Que casa de Orates[2] é esta minha, que casa de Gonçalo![3]

OLAIA
Ainda não almoçou, e creio que também não jantará. Não ouve como toca?

FABIANA
Olaia, minha filha, tua mãe não resiste muito tempo a este modo de viver...

OLAIA
Se estivesse em minhas mãos remediá-lo...

FABIANA
Que podes tu? Teu irmão casou-se, e como não teve posses para botar uma casa, trouxe a mulher para a minha. (*Apontando*) Ali está ela para meu tormento. O irmão dessa

---

[1] Importante arranjo musical de Charles-Auguste de Bériot (1802–1870).
[2] A expressão "casa de Orates" significa no texto "casa de loucos".
[3] A expressão "Casa de Gonçalo" significa "casa onde o marido é dominado pela mulher." Expressão comum em poesias e prosas da época.

desavergonhada vinha visitá-la frequentemente; tu o viste, namoricaste-o, e por fim de contas casaste-te com ele... E caiu tudo em minhas costas! Irra, que arreio com a carga! Faço como os camelos...

OLAIA
Minha mãe!

FABIANA
Ela (*apontando*), uma atrevida que quer mandar tanto ou mais do que eu; ele, (*apontando*) um mandrião romano, que só cuida em tocar rabeca, e nada de ganhar a vida; tu, uma pateta, incapaz de dares um conselho à boa joia de teu marido.

OLAIA
Ele gritaria comigo...

FABIANA
Pois gritarias tu mais do que ele, que é o meio de as mulheres se fazerem ouvir. Qual histórias! É que tu és uma maricas. Teu irmão, casado com aquele demônio, não tem forças para resistir à sua língua e gênio; meu marido, que como dono da casa podia pôr cobro[4] nestas coisas, não cuida senão na carolice: sermões, terços, procissões, festas, e o mais disse, e sua casa que ande ao Deus dará... E eu que pague as favas! Nada, nada, isto assim não vai bem; há de ter um termo... Ah!

Cena III

(*Eduardo e as ditas. Eduardo, na direita baixa, entra em mangas de camisa, cabelos grandes muito embaraçados, chinelas, trazendo a rabeca*)

EDUARDO, (*da porta*)
Olaia, vem voltar à música.

---

[4] A expressão "pôr cobro" significa "terminar; acabar; por fim".

FABIANA
Psiu, psiu, venha cá!

EDUARDO
Estou muito ocupado. Vem voltar à música.

FABIANA, (*chegando-se para ele e tomando-o pela mão*)
Fale primeiro comigo. Tenho muito que lhe dizer.

EDUARDO
Pois depressa, que me não quero esquecer da passagem que tanto me custou a estudar. Que música, que trêmulo! Grande Bériot!

FABIANA
Deixemo-nos agora de Berliós e tremidos, e ouça-me.

EDUARDO
Espere, espere; quero que aplauda e goze um momento do que é bom e sublime; assentem-se. (*Obriga-as a sentarem-se e toca rabeca, tirando sons extravagantes, imitando o Trêmolo*)

FABIANA, (*levantando-se enquanto ele toca*)
E então? Pior, pior! Não deixará esta infernal rabeca? Deixe, homem! Ai, ai!

OLAIA, (*ao mesmo tempo*)
Eduardo, Eduardo, deixa-te agora disso. Não vês que a mamãe se aflige? Larga o arco. (*Pega na mão do arco e forceja para o tirar*)

FABIANA
Larga a rabeca! Larga a rabeca! (*Pegando na rabeca e forcejando*)

EDUARDO, (*resistindo e tocando entusiasmado*)
Deixem-me. deixem-me acabar, mulheres, que a inspiração me arrebata... Ah... ah... (*Dá com o braço do arco nos*

peitos de Olaia e com o da rabeca nos queixos de Fabiana, isto tocando com furor)

OLAIA
Ai, meu estômago!

FABIANA, (*ao mesmo tempo*)
Ai, meus queixos!

EDUARDO, (*tocando sempre com entusiasmo*)
Sublime! Sublime! Bravo! Bravo!

FABIANA, (*batendo o pé, raivosa*)
Irra!

EDUARDO, (*deixando de tocar*)
Acabou-se. Agora pode falar.

FABIANA
Pois agora ouvirá, que estou cheia até aqui... Decididamente já não o posso nem quero aturar.

OLAIA
Minha mãe!

EDUARDO
Não?

FABIANA
Não e não, senhor. Há um ano que o senhor casou-se com minha filha e ainda está às minhas costas. A carga já pesa! Em vez de gastar as horas tocando rabeca, procure um emprego, alugue uma casa, e fora daqui com sua mulher! Já não posso com as intrigas e desavenças em que vivo, depois que moramos juntos. É um inferno! Procure casa, procure casa... Procure casa!

EDUARDO
Agora, deixe-me também falar... Recorda-se do que lhe dizia eu quando se tratou do meu casamento com sua filha?

OLAIA
Eduardo!...

EDUARDO
Não se recorda?

FABIANA
Não me recordo de nada... Procure casa. Procure casa!

EDUARDO
Sempre é bom que se recorde... Dizia eu que não podia casar-me por faltarem-me os meios de pôr casa e sustentar família. E o que respondeu-me a senhora a esta objeção?

FABIANA
Não sei.

EDUARDO
Pois eu lhe digo: respondeu-me que isso não fosse a dúvida, que quanto à casa podíamos ficar aqui morando juntos, e que onde comiam duas pessoas, bem podiam comer quatro. Enfim, aplainou todas as dificuldades... Mas então queria a senhora pilhar-me para marido de sua filha... Tudo se facilitou; tratava-me nas palmas das mãos. Agora que me pilhou feito marido, grita: Procure casa! Procure casa! Mas eu agora é que não estou para aturá-la; não saio daqui. (*Assenta-se com resolução numa cadeira e toca rabeca com raiva*)

FABIANA, (*indo para ele*)
Desavergonhado! Malcriado!

OLAIA, (*no meio deles*)
Minha mãe!

FABIANA
Deixa-me arrancar os olhos a este traste!

OLAIA
Tenha prudência, Eduardo, vai-te embora.

EDUARDO, *levantando-se enfurecido, bate o pé e grita*)
Irra! (*Fabiana e Olaia recuam, espavoridas. Indo para Fabiana*) Bruxa! Vampiro! Sanguessuga da minha paciência! Ora, quem diabo havia dizer-me que esta velha se tornaria assim!

FABIANA
Velha, maroto, velha?

EDUARDO
Antes de pilhar-me para marido da filha, eram tudo mimos e carinhos. (*Arremedando*) Sr. Eduardinho, o senhor é muito bom moço... Há de ser um excelente marido... Feliz daquela que o gozar... ditosa mãe que o tiver por genro... Agora escouceia-me,[5] e descompõe... Ah, mães, mães, espertalhonas! Que lamúrias para empurrarem as filhas! Estas mães são mesmo umas ratoeiras... Ah, se eu te conhecesse!..

FABIANA
Se eu também te conhecesse, havia de dar-te um...

EDUARDO
Quer dançar a polca?

FABIANA, (*desesperada*)
Olhe que me perco...

OLAIA
Minha mãe...

---

[5] Escoucear ou escoicear, o mesmo que dar coices; tratar com rudeza.

EDUARDO (*vai saindo, cantando e dançando a polca*)
Tra la la la, ri la ra ta... (*Etc., etc.*)

FABIANA, (*querendo ir a ele e retida por Olaia*)
Espera, maluco de uma figa...

OLAIA
Minha mãe, tranquilize-se, não faça caso.

FABIANA
Que te hei de fazer dançar o trêmulo e a polca com os olhos fora da cara!

EDUARDO, (*chegando à porta*)
Olaia, vem voltar à música...

FABIANA, (*retendo-a*)
Não quero que vá lá...

EDUARDO, (*gritando*)
Vem voltar à música...

FABIANA
Não vai!

EDUARDO, (*gritando e acompanhando com a rabeca*)
Vem voltar à música!

FABIANA, (*empurrando-a*)
Vai-te com o diabo!

EDUARDO
Vem comigo. (*Vai-se com Olaia*)

Cena IV

(*Fabiana, só*)

FABIANA
Oh, é preciso tomar uma resolução... Escreva-se. (*Senta-se, escreve ditando*) "Ilmo. Sr. Anselmo Gomes. Seu filho e sua filha são duas pessoas muito malcriadas. Se o senhor hoje mesmo não procura casa para que eles se mudem da minha, leva tudo a breca. Sua criada, Fabiana da Costa." (*Falando*) Quero ver o que ele responde-me a isto. (*Fecha a carta e chama*) João? Também este espertalhão do Sr. Anselmo, o que quis foi empurrar a filha e o filho de casa; e os mais que carreguem... Estou cansada; já não posso. Agora aguente ele. (*Chamando*) João?

PAJEM, (*entrando*)
Minha senhora...

FABIANA
Vai levar esta carta ao Sr. Anselmo. Sabes? É o pai do Sr. Eduardo.

PAJEM
Sei, minha senhora.

FABIANA
Pois vai depressa. (*Pajem vai-se*) Estou resolvida a desbaratar...

Cena V

(*Entra Nicolau de hábito de irmão terceiro, seguido de um homem com uma trouxa embaixo do braço*)

NICOLAU, (*para o homem*)
Entre, entre... (*Seguindo para a porta da direita*)

FABIANA, (*retendo-o*)
Espere, tenho que lhe falar.

NICOLAU
Guarda isso para logo; agora tenho muita pressa. O senhor é o armador que vem vestir os nossos dois pequenos para a procissão de hoje.

FABIANA
Isso tem tempo.

NICOLAU
Qual tempo! Eu já volto.

FABIANA, (*raivosa*)
Hás de ouvir-me!

NICOLAU
O caso não vai de zangar... Ouvir-te-ei, já que gritas. Sr. Bernardo, tenha a bondade de esperar um momento. Vamos lá, o que queres? E em duas palavras, se for possível.

FABIANA
Em duas palavras? Aí vai: já não posso aturar meu genro e minha nora!

NICOLAU
Ora mulher, isso é cantiga velha.

FABIANA
Cantiga velha? Pois olhe: se não procura casa para eles nestes dois dias, ponho-os pela porta fora.

NICOLAU
Pois eu tenho lá tempo de procurar casa?

FABIANA
Oh, também o senhor não tem tempo para coisa alguma...

Todos os seus negócios vão por água abaixo. Há quinze dias perdemos uma demanda por seu desleixo; sua casa é uma casa de Orates, filhos para uma banda, mulher para outra, tudo a brigar, tudo em confusão... e tudo em um inferno! E o que faz o senhor no meio de toda essa desordem? Só cuida na carolice...

NICOLAU
Faço muito bem, porque sirvo a Deus.

FABIANA
Meu caro, a carolice, como tu a praticas, é um excesso de devoção, assim como a hipocrisia o é da religião. E todo o excesso é um vício...

NICOLAU
Mulher, não blasfemes!

FABIANA
Julgas tu que nos atos exteriores é que está a religião? E que um homem, só por andar de hábito, há de ser remido de seus pecados?

NICOLAU
Cala-te...

FABIANA
E que Deus agradece ao homem que não cura dos interesses de sua família e da educação de seus filhos, só para andar de tocha na mão?

NICOLAU
Nem mais uma palavra! Nem mais uma palavra!

FABIANA
É nossa obrigação, é nosso mais sagrado dever servir a Deus e contribuirmos para a pompa de seus mistérios, mas também é nosso dever, é nossa obrigação sermos bons pais de

família, bons maridos, doutrinar os filhos no verdadeiro temor de Deus... É isto que tu fazes? Que cuidado tens da paz de tua família? Nenhum. Que educação dás a teus filhos? Leva-os à procissão feito anjinhos e contenta-te com isso. Sabem eles o que é uma procissão e que papel vão representar? Vão como crianças; o que querem é o cartucho de amêndoas...

NICOLAU
Oh, estás com o diabo na língua! Arreda!

FABIANA
O sentimento religioso está na alma, e esse transpira nas menores ações da vida. Eu, com este meu vestido, posso ser mais religiosa do que tu com este hábito.

NICOLAU, (*querendo tapar-lhe a boca*)
Cala-te, blasfema!... (*Seguindo-a*)

FABIANA
O hábito não faz o monge. (*Fugindo dele*) Ele é, muitas vezes, capa de espertalhões que querem iludir ao público; de hipócritas que se servem da religião como de um meio; de mandriões que querem fugir a uma ocupação e de velhacos que comem das irmandades...

NICOLAU
Cala-te, que aí vem um raio sobre nós! Ousas dizer que somos velhacos?

FABIANA
Não falo de ti nem de todos; falo de alguns.

NICOLAU
Não quero mais ouvir-te, não quero! Venha, senhor. (*Vai-se com o homem*)

FABIANA, (*seguindo-o*)
Agora tomei-te eu à minha conta; hás de ouvir-me até que te emendes!

Cena VI

(*Entra Sabino, e a dita que está em cena*)
(*Sabino é extremamente gago, o que o obriga a fazer contorções quando fala*)

SABINO, (*entrando*)
O que é isto, minha mãe?

FABIANA
Vem tu também cá, que temos que falar.

SABINO
O que aconteceu?

FABIANA
O que aconteceu? Não é novo para ti... Desaforos dela...

SABINO
De Paulina?

FABIANA
Sim, Agora o que acontecerá é que eu te quero dizer. Tua bela mulher é uma desavergonhada!

SABINO
Sim, senhora, é; mas minha mãe, às vezes, é que bole com ela.

FABIANA
Ora, eis aí está! Ainda a defende contra mim!

SABINO
Não defendo; digo o que é.

FABIANA, (*arremedando*)
O que é... Gago de uma figa!

SABINO, (*furioso*)
Ga... ga... ga... ga... (*Fica sufocado, sem poder falar*)

FABIANA
Ai, que arrebenta! Canta, canta, rapaz; fala cantando, que só assim te sairão as palavras.

SABINO, (*cantando no tom de moquirão*)
Se eu sou gago... se eu sou gago... foi... foi Deus que assim me fez... eu não tenho culpa disso... para assim me descompor...

FABIANA
Quem te descompõe? Estou falando de tua mulher, que traz esta casa em uma desordem...

SABINO, (*no mesmo*)
Todos, todos, nesta casa... têm culpa, têm culpa nisso... Minha mãe quer só mandar... e Paulina tem mau gênio... Se Paulina, se Paulina.. fosse, fosse mais poupada... tantas brigas não havia... viveriam mais tranquilas...

FABIANA
Mas ela é uma desavergonhada, que vem muito de propósito contrariar-me no governo da casa.

SABINO, (*no mesmo*)
Que ela, que ela é desaver... desavergonhada... eu bem sei, sei muito bem... e cá sinto, e cá sinto... mas em aten... em aten... em atenção a mim... minha mãe... minha mãe devia ceder...

FABIANA
Ceder, eu? Quando ela não tem a menor atenção comigo? Hoje nem bons dias me deu.

SABINO, (*gago somente*)
Vou fazer com que ela venha... com que ela venha pedir

perdão... e dizer-lhe que isto assim... que isto assim não me convém... e se ela, se ela persistir... vai tudo raso... com, com pancadaria...

FABIANA
Ainda bem que tomaste uma resolução.

Cena VII

(*Nicolau e os ditos*)

NICOLAU
Ó senhora?

FABIANA
O que me quer?

NICOLAU
Oh, já chegaste, Sabino? As flores de cera para os tocheiros?

SABINO, (*gago*)
Ficaram prontas e já foram para a igreja.

NICOLAU
Muito bem; agora vai vestir o hábito que são horas de sairmos. Vai, anda.

SABINO
Sim, senhor. (*A Fabiana*) Vou ordenar que lhe venha pedir perdão e fazer as pazes. (*Vai-se*)

Cena VIII

(*Nicolau e Fabiana*)

NICOLAU
Os teus brincos de brilhantes e os teus adereços, para nossos filhos levarem? Quero que sejam os anjinhos mais ricos... Que glória para mim! Que inveja terão!

FABIANA
Homem, estão lá na gaveta. Tire tudo quanto quiser, mas deixe-me a paciência...

NICOLAU
Verás que anjinhos asseados e ricos! (*Chamando*) Ó Eduardo? Eduardo? Meu genro?

EDUARDO, (*dentro*)
Que é lá?

NICOLAU
Olha que são horas. Veste-te depressa, que a procissão não tarda a sair.

EDUARDO, (*dentro*)
Sim, senhor.

FABIANA
Ainda a mania deste é inocente... Assim tratasse ele da família.

NICOLAU
Verás, mulher, verás que guapos ficam nossos filhinhos... Tu não os irás ver passar?

FABIANA
Sai de casa quem a tem em paz. (*Ouve-se dobrar os sinos*)

NICOLAU
É o primeiro sinal! Sabino, anda depressa! Eduardo? Eduardo?

EDUARDO, (*dentro*)
Sim, senhor.

SABINO, (*dentro*)
Já vou, senhor.

NICOLAU
Já lá vai o primeiro sinal! Depressa, que já saiu... Sabino? Sabino? Anda, filho... (*Correndo para dentro*) Ah, Sr. Bernardo, vista os pequenos... Ande, ande! Jesus, chegarei tarde! (*Vai-se*)

Cena IX

(*Fabiana e depois Paulina*)

FABIANA
É o que se vê... Deus lhe dê um zelo mais esclarecido...

PAULINA, (*entrando* e *à parte*)
Bem me custa...

FABIANA, (*vendo-a e à parte*)
Oh, a desavergonhada de minha nora!

PAULINA, (*à parte*)
Em vez de conciliar-me, tenho vontade de dar-lhe uma descompostura.

FABIANA, (*à parte*)
Olhem aquilo! Não sei por que não a descomponho já!

PAULINA, (*à parte*)
Mas é preciso fazer a vontade a meu marido...

FABIANA, (*à parte*)
Se não fosse por amor da paz... (*Alto*) Tem alguma coisa que dizer-me?

PAULINA, (*à parte*)
Maldita suçurana! (*Alto*) Sim, senhora, e a rogos de meu marido é que aqui estou.

FABIANA
Ah, foram a rogos seus? O que lhe rogou ele?

PAULINA
Que era tempo de se acabarem essas desavenças em que andamos...

FABIANA
Mais que tempo...

PAULINA
E eu dei-lhe a minha palavra que faria todo o possível para de hoje em diante vivermos em paz... e que principiaria por pedir-lhe perdão, como faço, dos agravos que de mim tem...

FABIANA
Quisera Deus que assim tivesse sido desde o princípio! E acredite, menina, que prezo muito a paz doméstica, e que minha maior satisfação é viver bem com vocês todos.

PAULINA
De hoje em diante espero que assim será. Não levantarei a voz nesta casa sem vosso consentimento. Não darei uma ordem sem vossa permissão... Enfim, serei uma filha obediente e submissa.

FABIANA
Só assim poderemos viver juntos. Dá cá um abraço. (*Abraça-a*) És uma boa rapariga... Tens um bocadinho de gênio; mas quem não o tem?

PAULINA
Hei de moderá-lo...

FABIANA
Olha, minha filha, e não tornes a culpa a mim. É impossível haver em uma casa mais de uma senhora. Havendo, é tudo uma confusão...

PAULINA
Tem razão. E quando acontece haver duas, toca à mais velha o governar.

FABIANA
Assim é.

PAULINA
A mais velha tem sempre mais experiência...

FABIANA
Que dúvida!

PAULINA
A mais velha sabe o que convém...

FABIANA
Decerto.

PAULINA
A mais velha conhece melhor as necessidades...

FABIANA, (*à parte*)
A mais velha!...

PAULINA, (*com intenção*)
A mais velha deve ter mais juízo...

FABIANA
A mais velha, a mais velha... Que modo de falar é esse?

PAULINA, (*o mesmo*)
Digo que a mais velha...

FABIANA, (*desbaratando*)
Desavergonhada! A mim, velha!...

PAULINA, (*com escárnio*)
Pois então?

FABIANA, (*desesperada*)
Salta daqui! Salta!

PAULINA
Não quero, não recebo ordens de ninguém.

FABIANA
Ai, ai, que estalo! Assim insultar-me, este belisco!

PAULINA
Esta coruja!

FABIANA, (*no maior desespero*)
Sai, sai de o pé de mim, que minhas mãos já comem!

PAULINA
Não faço caso...

FABIANA
 Atrevida, malcriada! Desarranjada! Peste! Mirrada! Estupor! Linguaruda! Insolente! Desavergonhada!

PAULINA, (*ao mesmo tempo*)
Velha, tartaruga, coruja, arca de Noé! Antigualha! Múmia! Centopeia! Pergaminho! Velhusca, velha, velha!

(*Fabiana e Paulina acabam gritando ao mesmo tempo, chegando-se uma para a outra; finalmente agarram-se. Nisto acode Sabino, em mangas de camisa, e com o hábito na mão*)

Cena X

(*As ditas, Sabino, Olaia e Eduardo. Sabino entra, Eduardo e Olaia o seguem*)

SABINO, (*vendo-as pegadas*)
Que diabo é isto? (*Puxa pela mulher*)

OLAIA, (*ao mesmo tempo*)
Minha mãe! (*Puxando-a*)

FABIANA, (*ao mesmo tempo*)
Deixa-me! Desavergonhada!

PAULINA, (*ao mesmo tempo*)
Larga-me! Velha! Velha! (*Sabino, não podendo tirar a mulher, lança-lhe o hábito pela cabeça e a vai puxando à força até a porta do quarto; e depois de a empurrar para dentro, fecha a porta à chave. Fabiana quer seguir Paulina*)

OLAIA, (*retendo a mãe*)
Minha mãe! Minha mãe!

EDUARDO, (*puxando Olaia pelo braço*)
Deixa-as lá brigar. Vem dar-me o hábito.

OLAIA
Minha mãe!

EDUARDO
Vem dar-me o hábito! (*Arranca Olaia com violência de junto de Fabiana e a vai levando para dentro, e sai*)

FABIANA, (*vendo Sabino fechar Paulina e sair*)
É um inferno! É um inferno!

SABINO, (*seguindo-a*)
Minha mãe! (*Fabiana segue para dentro*)

NICOLAU, (*entrando*)
O que é isto?

FABIANA, (*sem atender, seguindo*)
É um inferno! É um inferno!

NICOLAU, (*seguindo-a*)
Senhora. (*Vão-se*)

Cena XI

(*Sabino e depois Paulina*)

SABINO
Isto assim não pode ser! Não me serve; já não posso com minha mulher!

PAULINA, (*entrando pela segunda porta, esquerda*)
Onde está esta velha? (*Sabino, vendo a mulher, corre para o quarto e fecha a porta. Paulina*) Ah, corres? (*Segue-o e esbarra-se na porta que ele fecha*) Deixa estar, que temos também que conversar... Pensam que hão de me levar assim? Enganam-se. Por bons modos, tudo... Mas à força... Ah, será bonito quem o conseguir!

OLAIA (*entra chorando*)
Vou contar à minha mãe!

PAULINA
Psiu! Venha cá; também temos contas que justar. (*Olaia vai seguindo para a segunda porta da direita. Paulina*) Fale quando se lhe fala, não seja malcriada!

OLAIA, (*na porta, voltando-se*)
Malcriada será ela.. (*Vai-se*)

PAULINA
Hem?

Cena XII

(*Eduardo, de hábito, trazendo a rabeca, e a dita*)

EDUARDO
Paulina, que é de Olaia?

PAULINA
Lá vai para dentro choramingando, contar não sei o que à mãe.

EDUARDO
Paulina, minha irmã, este modo de viver que levamos já não me agrada.

PAULINA
Nem a mim.

EDUARDO
Nossa sogra é uma velha de todos os mil diabos. Leva desde pela manhã até à noite a gritar... O que me admira é que ainda não estourasse pelas goelas... Nosso sogro é um pacóvio, um banana, que não cuida senão em acompanhar procissões. Não lhe tirem a tocha da mão, que está satisfeitíssimo;.. Teu marido é um ga... ga.. ga... ga... que quando fala faz-me arrelia, sangue pisado. E o diabo que o ature, agora

que deu-lhe em falar cantando... Minha mulher tem aqueles olhos que parecem fonte perene... Por dá cá aquela palha, aí vêm as lágrimas aos punhos. E logo atrás: *Vou contar à minha mãe...* E no meio de toda esta matinada não tenho tempo de estudar um só instante que seja, tranquilamente, a minha rabeca. E tu também fazes sofrivelmente teu pé de cantiga na algazarra desta casa.

PAULINA
E tu, não? Pois olha esta tua infernal rabeca!

EDUARDO
Infernal rabeca! Paulina, não fales mal da minha rabeca; senão perco-te o amor de irmão. Infernal! Sabes tu o que dizes? O rei dos instrumentos, infernal!

PAULINA, (*rindo*)
A rabeca deve ser rainha...

EDUARDO
Rei e rainha, tudo. Ah, desde a noite em que pela primeira vez ouvi no Teatro de São Pedro de Alcântara os seus harmoniosos, fantásticos, salpicados e repinicados sons, senti-me outro. Conheci que tinha vindo ao mundo para artista rabequista. Comprei uma rabeca — esta que aqui vês. Disse-me o belchior que a vendeu, que foi de Paganini. Estudei, estudei... Estudo, estudo...

PAULINA
E nós o pagamos.

EDUARDO
Oh, mas tenho feito progressos estupendíssimos! Já toco o *Trêmolo* de Bériot... Estou agora compondo um tremulório e tenho ainda em vista compor um tremendíssimo trêmulo.

PAULINA
O que aí vai!...

EDUARDO
Verás, hei de ser insigne! Viajarei por toda a Europa, África e Ásia; tocarei diante de todos os soberanos e figurões da época, e quando de lá voltar trarei este peito coberto de grã-cruzes, comendas, hábitos, etc., etc. Oh, por lá é que se recompensa o verdadeiro mérito... Aqui, julgam que fazem tudo pagando com dinheiro. Dinheiro! Quem faz caso de dinheiro?

PAULINA
Todos. E para ganhá-lo é que os artistas cá vêm.

EDUARDO
Paulina, o artista quando vem ao Brasil, digo, quando se digna vir ao Brasil, é por compaixão que tem do estado de embrutecimento em que vivemos, e não por um cálculo vil e interesseiro. Se lhe pagam, recebe, e faz muito bem; são princípios da arte...

PAULINA
E depois das algibeiras cheias, safa-se para as suas terras, e comendo o dinheiro que ganhara no Brasil, fala mal dele e de seus filhos.

EDUARDO
Também isso são princípios da arte...

PAULINA
Qual arte?

EDUARDO
A do Padre Antônio Vieira... Sabes quem foi esse?

PAULINA
Não.

EDUARDO
Foi um grande mestre de rabeca... Mas ai, que estou a parolar contigo, deixando a trovoada engrossar. Minha

mulher está lá dentro com a mãe, e os mexericos fervem... Não tarda muito que as veja em cima de mim. Só tu podes desviar a tempestade e dar-me tempo para acabar de compor o meu tremulório.

    PAULINA
    E como?

    EDUARDO
    Vai lá dentro e vê se persuade a minha mulher que não se queixe à mãe.

    PAULINA
    Minha cunhada não me ouve, e...

    EDUARDO, (*empurrando-a*)
    Ouvir-te-á, ouvir-te-á, ouvir-te-á. Anda, minha irmãzinha, faze-me este favor.

    PAULINA
    Vou fazer um sacrifício, e não...

    EDUARDO, (*o mesmo*)
    E eu te agradecerei. Vai, vai...

Cena XIII

    EDUARDO, (*só*)
    Muito bem! Agora que o meu parlamentário vai assinar o tratado de paz, assentemo-nos e estudemos um pouco. (*Assenta-se*) O homem de verdadeiro talento não deve ser imitador; a imitação mata a originalidade e nessa é que está a transcendência e especialidade do indivíduo. Bériot, Paganini, Bassini e Charlatinini muito inventaram, foram homens especiais e únicos na sua individualidade. Eu também quis inventar, quis ser único, quis ser apontado a dedo... Uns tocam com o arco... (N. B.: *Deve fazer os movimentos, segundo os*

vai mencionando) Isto veio dos primeiros inventores; outros tocam com as costas do arco... ou com uma varinha... Este imita o canto dos passarinhos... zurra como burro... e repinica cordas.. Aquele toca abaixo do cavalete, toca em cima no braço... e saca-lhe sons tão tristes e lamentosos capazes de fazer chorar um bacalhau... Est'outro arrebenta três cordas e toca só com uma, e creio mesmo que será capaz de arrebentar as quatro e tocar em seco... Inimitável instrumentinho, por quantas modificações e glórias não tens passado? Tudo se tem feito de ti, tudo. Tudo? (*Levantando-se entusiasmado*) Tudo não; a arte não tem limites para o homem de talento criador... Ou eu havia de inventar um meio novo, novíssimo de tocar rabeca, ou havia de morrer... Que dias passei sem comer e beber; que noites sem dormir! Depois de muito pensar e cismar, lembrei-me de tocar nas costas da rabeca... Tempo perdido, não se ouvia nada. Quase enlouqueci. Pus-me de novo a pensar... Pensei... cismei... parafusei... parafusei... pensei... pensei... Dias, semanas e meses... Mas enfim, ah, ideia luminosa penetrou este cansado cérebro e então reputei-me inventor original, como o mais pintado! Que digo? Mais do que qualquer deles... Até agora esses aprendizes de rabeca desde Saëns até Paganini, coitados, têm inventado somente modificações do modo primitivo: arco para aqui ou para ali... Eu, não, inventei um modo novo, estupendo e desusado: eles tocam rabeca com o arco, e eu toco a rabeca no arco — eis a minha descoberta! (*Toma o arco na mão esquerda, pondo-o na posição da rabeca; pega nesta com a direita e a corre sobre o arco*) É esta a invenção que há de cobrir-me de glória e nomeada e levar meu nome à imortalidade... Ditoso Eduardo! Grande homem! Insigne artista!

Cena XIV

(*Fabiana e os ditos*)

FABIANA, (*falando para dentro*)
Verás como o ensino! (*Vendo Eduardo*) Oh, muito estimo encontrá-lo.

EDUARDO
Ai, que não me deixam estudar!

FABIANA
Pois você, sô mandrião, rabequista das dúzias, tem o atrevimento de insultar e espancar minha...

EDUARDO
Então acha a senhora que uma arcada nos dedos é espancar?

FABIANA
E por que deu-lhe o senhor com o arco nos dedos?

EDUARDO
Porque não voltou à música a tempo, fazendo-me assim perder dois compassos... Dois compassos de Bériot!

FABIANA
Pois se os perdeu, anunciasse pelos jornais e prometesse alvíssaras, que eu havia dá-las, mas havia de ser a quem te achasse o juízo, cabeça de avelã! Ora, que estafermo este! Não me dirão para que serve semelhante figura? Ah, se eu fosse homem havia de tocar com esse arco, mas havia ser no espinhaço; e essa rabeca havia de a fazer em estilhas nessa cabeça desmiolada... Não arregale os olhos, que não me mete medo.

EDUARDO, (*enquanto Fabiana fala, vai-se chegando para junto dela e lhe diz na cara, com força*)
Velha! (*Volta, quer entrar no seu quarto*)

FABIANA
Mariola! (*Segura-lhe no hábito. Eduardo dá com o arco nos dedos de Fabiana. Vai-se. Fabiana, largando o hábito*) Ai, que me quebrou os dedos!

Cena XV

(*Entra Olaia e após ela Paulina*)

OLAIA
Falta de educação será ela! (*Encaminhando-se para o quarto*)

PAULINA
Cala-me o bico!

OLAIA
Bico terá ela, malcriada!

FABIANA
O que é isto? (*Olaia entra no quarto sem dar atenção*)

PAULINA
Deixa estar, minha santinha de pau oco, que te hei de dar educação, já que tua mãe não te deu... (*Entra no seu quarto*)

FABIANA — Psiu, como é isso?... (*Vendo Paulina entrar no quarto*) Ah! (*Chama*) Sabino! Sabino! Sabino!

Cena XVI

(*Sabino, de hábito, e Fabiana*)

SABINO, (*entrando*)
O que temos, minha mãe?

FABIANA
Tu és homem?

SABINO
Sim, senhora, e prezo-me disso.

FABIANA
Que farias tu a quem insultasse tua mãe e espancasse uma irmã?

SABINO
Eu? Dava-lhe quatro canelões.

FABIANA
Só quatro?

SABINO
Darei mais, se for preciso.

FABIANA
Está bem, em tua mulher basta que só dês quatro.

SABINO
Em minha mulher? Eu não dou em mulheres...

FABIANA
Pois então vai dar em teu cunhado, que espancou a tua mãe e a tua irmã.

SABINO
Espancou-as?

FABIANA
Vê como tenho os dedos roxos, e ela também.

SABINO
Oh, há muito tempo que tenho vontade de lhe ir ao pêlo, cá por muitas razões... Chegou o dia...

FABIANA
Assim, meu filhinho da minha alma; dá-lhe uma boa sova! Ensina-lhe a ser bem-criado.

SABINO
Deixe-o comigo.

FABIANA
Quebra-lhe a rabeca nos queixos.

SABINO
Verá.

FABIANA
Anda, chama-o cá para esta sala, lá dentro o quarto é pequeno e quebraria os trastes, que não são dele... Rijo, que eu vou para dentro atiçar também teu pai... (*Encaminha-se para o fundo, apressada*)

SABINO (*principia a despir o hábito*)
Eu o ensinarei...

FABIANA, (*da porta*)
Não te esqueças de lhe quebrar a rabeca nos queixos...

Cena XVII

SABINO, (*só, continuando a tirar o hábito*)
Já é tempo; não posso aturar este meu cunhado! Dá conselhos à minha mulher; ri-se quando eu falo; maltrata minha mãe... Pagará tudo por junto... (*Arregaçando as mangas da camisa*) Tratante! (*Chega à porta do quarto de Eduardo*) Senhor meu cunhado?

EDUARDO, (*dentro*)
Que é lá?

SABINO
Faça o favor de vir cá fora.

Cena XVIII

(*Eduardo e Sabino*)

EDUARDO, (*da porta*)
O que temos?

SABINO
Temos que conversar.

EDUARDO, (*gaguejando*)
Não sabe quanto estimo...

SABINO, (*muito gago e zangado*)
O senhor arremeda-me!

EDUARDO, (*no mesmo*)
Não sou capaz...

SABINO, (*tão raivoso, que sufoca-se*)
Eu...eu...eu...eu...

EDUARDO, (*falando direito*)
Não se engasgue, dê cá o caroço...

SABINO (*fica tão sufocado, que para exprimir-se rompe a fala no tom da polca*)
Eu já... eu já não posso... por mais tempo me conter... hoje mesmo... hoje mesmo... leva tudo o diabo...

EDUARDO (*desata a rir*)
Ah, ah, ah!

SABINO
Pode rir-se, pode rir-se... sô patife, hei de ensiná-lo...

EDUARDO, (*cantando como Sabino*)
Há de ensinar-me... mas há de ser... mas há de ser... mas há de ser a polca... (*Dança*)

SABINO
Maroto! (*Lança-se sobre Eduardo e atracam-se, gritando, ambos*: Maroto! Patife! Diabo! Gago! Eu te ensinarei! — *Etc., etc.*)

Cena XIX

(*Olaia e Paulina*)

PAULINA, (*entrando*)
Que bulha é essa? Ah!

OLAIA, (*entrando*)
O que é... Ah! (*Paulina e Olaia vão apartar os dois que brigam. Olaia*) Eduardo! Eduardo! Meu irmão! Sabino! (*Etc.*)

PAULINA
Sabino! Sabino! Meu irmão! Eduardo! (*Eduardo e Sabino continuam a brigar e descomporem-se. Paulina, para Olaia*) Tu é que tens a culpa!

OLAIA, (*para Paulina*)
Tu é que tens!

PAULINA, (*o mesmo*)
Cala esse bico!

OLAIA, (*o mesmo*)
Não seja tola!

PAULINA, (*o mesmo*)
Mirrada!

OLAIA, (*o mesmo*)
Tísica! (*Paulina e Olaia atiram-se uma à outra e brigam à direita. Eduardo e Sabino, sempre brigando à esquerda*)

Cena XX

(*Fabiana e os ditos*)

FABIANA
Que bulha é esta? Ah! (*Corre para as moças*) Então, o que é isto? Meninas! Meninas! (*Procura apartá-las*)

Cena XXI

(*Entra Nicolau apressado, trazendo pela mão dois meninos vestidos de anjinhos*)

NICOLAU
O que é isto? Ah, a brigarem! (*Larga os meninos e vai para os dois*) Sabino! Eduardo! Então?... Então, rapazes?...

FABIANA, (*indo a Nicolau*)
Isto são obras tuas! (*Puxando pelo hábito*) Volta-te para cá; tu é que tens culpa...

NICOLAU
Deixa-me! Sabino!

FABIANA
Volta-te para cá... (*Nicolau dá com o pé para trás, alcança-a. Fabiana*) Burro!... (*Agarra-lhe nas goelas, o que o obriga a voltar-se e atracarem-se*)

OS DOIS ANJINHOS
Mamãe! Mamãe! (*Agarram-se ambos a Fabiana, um deles empurra o outro, que deve cair; levanta-se e atraca-se

com o que o empurra, e deste modo Fabiana, Nicolau, Sabino, Eduardo, Olaia, Paulina,1º, 2º Anjinhos, todos brigam e fazem grande algazarra)

Cena XXII

(Anselmo e os ditos, brigando)

ANSELMO
O que é isto? O que é isto? (*Todos, vendo Anselmo, apartam-se*)

FABIANA
Oh, é o senhor? Muito estimo...

PAULINA e EDUARDO
Meu pai!

ANSELMO
Todos a brigarem!... (*Todos se dirigem a Anselmo, querendo tomar a dianteira para falarem; cada um puxa para seu lado a reclamarem serem atendidos; falam todos ao mesmo tempo. Grande confusão, etc.*)

FABIANA, *(ao mesmo tempo)*
Muito estimo que viesse, devia ver com seus próprios olhos... o desaforo de seus filhos... Fazem desta casa um inferno! Eu já não posso; leve-os, leve-os, são dois demônios. Já não posso!

NICOLAU, *(ao mesmo tempo)*
Sabe que mais? Carregue seus filhos daqui para fora; não me deixam servir a Deus... Isto é uma casa de Orates... Carregue-os, carregue-os, senão fazem-me perder a alma... Nem mais um instante...

SABINO, (*falando ao mesmo tempo no tom do miudinho*)
Se continuo a viver assim junto, faço uma morte. Ou o senhor, que é meu sogro, ou meu pai, deem-me dinheiro... dinheiro ou casa, ou leva tudo o diabo... o diabo...

PAULINA, (*ao mesmo tempo*)
Meu pai, já não posso; tire-me deste inferno, senão, morro! Isto não é viver... Minha sogra, meu marido, minha cunhada maltratam-me... Meu pai, leve-me, leve-me daqui...

EDUARDO
Meu pai, não fico aqui nem mais um momento. Não me deixam estudar a minha rabeca... É uma bulha infernal, uma rixa desde pela manhã até a noite; nem um instante eu tenho para tocar...

OLAIA
Senhor, se isto assim continua, fujo de casa... Abandono marido, tudo, tudo... Antes quero viver só do meu trabalho, do que assim. Não posso, não posso, não quero... Nem mais um instante... É um tormento... ([Os] *dois Anjinhos, enquanto estas falas se recitam, devem chorar muito*)

ANSELMO
Com mil diabos, assim não entendo nada!

FABIANA
Digo-lhe que...

NICOLAU
Perderei a alma...

SABINO
Se eu não...

EDUARDO
Nada estudo...

PAULINA
Meu pai, se...

OLAIA
Nesta casa... (*Todos gritam ao mesmo tempo*)

ANSELMO, (*batendo o pé*)
Irra, deixem-me falar!

FABIANA
Pois fale...

ANSELMO
Senhora, recebi a vossa carta e sei qual a causa das contendas e brigas em que todos viveis. Andamos muito mal, a experiência o tem mostrado, em casarmos nossos filhos e não lhes darmos casa para morarem. Mas ainda estamos em tempo de remediar o mal... Meu filho, aqui está a chave de uma casa que para ti aluguei. (*Dá-lhe*)

EDUARDO
Obrigado. Só assim poderei estudar tranquilo e compor o tremendíssimo...

ANSELMO
Filha, dá esta outra chave a teu marido. É a da tua nova casa...

PAULINA, (*tomando-a*)
Mil graças, meu pai. (*Dá a chave a Sabino*)

FABIANA
Agora, sim...

ANSELMO
Estou certo que em bem pouco tempo verei reinar entre vós todos a maior harmonia e que visitando-vos mutuamente e...

TODOS, (*uns para os outros*)
A minha casa está às vossas ordens. Quando quiser...

ANSELMO
Muito bem. (*Ao público*) E vós, senhores, que presenciastes estas desavenças domésticas, recordai-vos sempre que...

TODOS
Quem casa quer casa. (*Cai o pano*)

Fim

O noviço
(Comédia em três atos)

PERSONAGENS

AMBRÓSIO
FLORÊNCIA: sua mulher
EMÍLIA: sua filha
JUCA: 9 anos, dito
CARLOS: noviço da Ordem de São Bento
ROSA: provinciana, primeira mulher de Ambrósio
MESTRE: Padre-Mestre dos Noviços
JORGE
JOSÉ: criado
Um meirinho, que fala
Dois ditos, que não falam
Soldados de Permanentes, etc., etc.

[A cena passa-se no Rio de Janeiro.]

Primeiro ato

(*Sala ricamente adornada: mesa, consolos, mangas de vidro, jarras com flores, cortinas, etc., etc. No fundo, porta de saída, uma janela, etc., etc.*)

Cena I

AMBRÓSIO, (*só, de calça preta e chambre*)
No mundo a fortuna é para quem sabe adquiri-la. Pintam-na cega... Que simplicidade! Cego é aquele que não tem inteligência para vê-la e a alcançar. Todo homem pode ser rico, se atinar com o verdadeiro caminho da fortuna. Vontade forte, perseverança e pertinácia são poderosos auxiliares. Qual o homem que, resolvido a empregar todos os meios, não consegue enriquecer-se? Em mim se vê o exemplo. Há oito anos, era eu pobre e miserável, e hoje sou rico, e mais ainda serei. O como não importa; no bom resultado está o mérito... Mas um dia pode tudo mudar. Oh! Que temo eu? Se em algum tempo tiver de responder pelos meus atos, o ouro justificar-me-á e serei limpo de culpa. As leis criminais fizeram-se para os pobres.

Cena II

(*Entra Florência vestida de preto, como quem vai à festa*)

FLORÊNCIA, (*entrando*)
Ainda despido, Sr. Ambrósio?

AMBRÓSIO
É cedo. (*Vendo o relógio*) São nove horas, e o ofício de Ramos principia às dez e meia.

FLORÊNCIA
É preciso ir mais cedo para tomarmos lugar.

AMBRÓSIO
Para tudo há tempo. Ora dize-me, minha bela Florência...

FLORÊNCIA
O quê, meu Ambrosinho?

AMBRÓSIO
O que pensa tua filha do nosso projeto?

FLORÊNCIA
O que pensa não sei eu, nem disso se me dá; quero eu; e basta. E é seu dever obedecer.

AMBRÓSIO
Assim é; estimo que tenhas caráter enérgico.

FLORÊNCIA
Energia tenho eu.

AMBRÓSIO
E atrativos, feiticeira.

FLORÊNCIA
Ai, amorzinho! (*À parte*) Que marido!

AMBRÓSIO
Escuta-me, Florência, e dá-me atenção, crê que ponho todo o meu pensamento em fazer-te feliz...

FLORÊNCIA
Toda eu sou atenção.

AMBRÓSIO
Dois filhos te ficaram do teu primeiro matrimônio. Teu marido foi um digno homem e de muito juízo; deixou-te herdeira de avultado cabedal. Grande mérito é esse...

FLORÊNCIA
Pobre homem!

AMBRÓSIO
Quando eu te vi pela primeira vez, não sabia que eras viúva rica. (*À parte*) Se o sabia! (*Alto*) Amei-te por simpatia.

FLORÊNCIA
Sei disso, vidinha.

AMBRÓSIO
E não foi o interesse que obrigou-me a casar contigo.

FLORÊNCIA
Foi o amor que nos uniu.

AMBRÓSIO
Foi, foi, mas agora que me acho casado contigo é de meu dever zelar essa fortuna que sempre desprezei.

FLORÊNCIA, (*à parte*)
Que marido!

AMBRÓSIO, (*à parte*)
Que tola! (*Alto*) Até o presente tens gozado dessa fortuna em plena liberdade e a teu bel-prazer; mas daqui em diante, talvez assim não seja.

FLORÊNCIA
E por quê?

AMBRÓSIO
Tua filha está moça e em estado de casar-se. Casar-se-á, e terás um genro que exigirá a legítima de sua mulher, e desse dia principiarão as amofinações para ti, e intermináveis demandas. Bem sabes que ainda não fizeste inventário.

FLORÊNCIA
Não tenho tido tempo, e custa-me tanto aturar procuradores!

AMBRÓSIO
Teu filho também vai a crescer todos os dias e será preciso por fim dar-lhe a sua legítima... Novas demandas.

FLORÊNCIA
Não, não quero demandas!

AMBRÓSIO
É o que eu também digo; mas como preveni-las?

FLORÊNCIA
Faze o que entenderes, meu amorzinho.

AMBRÓSIO
Eu já te disse há mais de três meses o que era preciso fazermos para atalhar esse mal. Amas a tua filha, o que é muito natural, mas amas ainda mais a ti mesma...

FLORÊNCIA
O que também é muito natural...

AMBRÓSIO
Que dúvida! E eu julgo que podes conciliar esses dois pontos, fazendo Emília professar em um convento. Sim, que seja freira. Não terás nesse caso de dar legítima alguma, apenas um insignificante dote, e farás ação meritória.

FLORÊNCIA
Coitadinha! Sempre tenho pena dela; o convento é tão triste!

AMBRÓSIO
É essa compaixão mal-entendida... O que é este mundo? Um pélago[1] de enganos e traições, um escolho em que naufragam a felicidade e as doces ilusões da vida... E o que é o convento? Porto de salvação e ventura, asilo da virtude, único abrigo da inocência e verdadeira felicidade... E deve uma mãe carinhosa hesitar na escolha entre o mundo e o convento?

FLORÊNCIA
Não, por certo...

AMBRÓSIO
A mocidade é inexperiente, não sabe o que lhe convém. Tua filha lamentar-se-á, chorará desesperada, não importa; obriga-a e dai tempo ao tempo. Depois que estiver no convento e acalmar-se esse primeiro fogo, abençoará o teu nome e, junto ao altar, no êxtase de sua tranquilidade e verdadeira felicidade, rogará a Deus por ti. (*À parte*) E a legítima ficará em casa...

FLORÊNCIA
Tens razão, meu Ambrosinho, ela será freira.

AMBRÓSIO
A respeito de teu filho direi o mesmo. Tem ele nove anos e será prudente criarmo-lo desde já para frade.

FLORÊNCIA
Já ontem comprei-lhe o hábito[2] com que andará vestido daqui em diante.

---

[1] Abismo marítimo; mar alto.
[2] Vestimenta de ordem religiosa.

AMBRÓSIO
Assim não estranhará quando chegar à idade de entrar no convento; será frade feliz. (*À parte*) E a legítima também ficará em casa...

FLORÊNCIA
Que sacrifícios não farei eu para ventura de meus filhos!

Cena III

(*Entra Juca, vestido de frade, com chapéu desabado, tocando um assobio*)

FLORÊNCIA
Anda cá, filhinho. Como estás galante com esse hábito!

AMBRÓSIO
Juquinha, gostas desta roupa?

JUCA
Não, não me deixa correr, é preciso levantar assim... (*Arregaça o hábito*)

AMBRÓSIO
Logo te acostumarás.

FLORÊNCIA
Filhinho, hás de ser um fradinho muito bonito.

JUCA, (*chorando*)
Não quero ser frade!

FLORÊNCIA
Então, o que é isso?

JUCA
Hi, hi, hi... Não quero ser frade!

FLORÊNCIA
Menino!

AMBRÓSIO
Pois não te darei o carrinho que te prometi, todo bordado de prata, com cavalos de ouro.

JUCA, (*rindo-se*)
Onde está o carrinho?

AMBRÓSIO
Já o encomendei... é coisa muito bonita; os arreios todos enfeitados de fitas e veludo.

JUCA
Os cavalos são de ouro?

AMBRÓSIO
Pois não, de ouro com os olhos de brilhantes.

JUCA
E andam sozinhos?

AMBRÓSIO
Se andam! De marcha e passo.

JUCA
Andam, mamãe?

FLORÊNCIA
Correm, filhinho.

JUCA, (*saltando de contente*)
Como é bonito! E o carrinho tem rodas, capim para os cavalos, uma moça bem enfeitada?

AMBRÓSIO
Não lhe falta nada.

JUCA
E quando vem?

AMBRÓSIO
Assim que estiver pronto.

JUCA, (*saltando e cantando*)
Eu quero ser frade, eu quero ser frade... (*Etc.*)

AMBRÓSIO, (*para Florência*)
Assim o iremos acostumando...

FLORÊNCIA
Coitadinho, é preciso comprar-lhe o carrinho!

AMBRÓSIO, (*rindo-se*)
Com cavalos de ouro?

FLORÊNCIA
Não!

AMBRÓSIO
Basta que se compre uma caixinha com soldados de chumbo.

JUCA, (*saltando pela sala*)
Eu quero ser frade!

FLORÊNCIA
Está bom, Juquinha, serás frade; mas não grites tanto. Vai lá para dentro.

JUCA (*sai cantando*)
Eu quero ser frade... (*Etc.*)

FLORÊNCIA
Estas crianças...

AMBRÓSIO
Este levaremos com facilidade... De pequenino se torce o pepino... Cuidado me dá o teu sobrinho Carlos.

FLORÊNCIA
Já vai para seis meses que ele entrou como noviço no convento.

AMBRÓSIO
E queira Deus que decorra o ano inteiro para professar, que só assim ficaremos tranquilos.

FLORÊNCIA
E se fugir do convento?

AMBRÓSIO
Lá isso não temo eu... Está bem recomendado. É preciso empregarmos toda nossa autoridade para obrigá-lo a professar. O motivo, bem o sabes...

FLORÊNCIA
Mas olha que Carlos é da pele; é endiabrado.

AMBRÓSIO
Outros tenho eu domado... Vão sendo horas de sairmos, vou-me vestir.

(*Sai pela esquerda*)

Cena IV

FLORÊNCIA, (*só*)
Se não fosse com quem casei-me segunda vez, não teria agora quem zelasse com tanto desinteresse a minha fortuna. É uma bela pessoa... Rodeia-me de cuidados e carinhos. Ora, digam lá que uma mulher não deve casar-se segunda vez... Se eu soubesse que havia de ser sempre tão feliz, casar-me-ia cinquenta.

Cena V

(Entra Emília, vestida de preto, como querendo atravessar a sala)

FLORÊNCIA
Emília? Vem cá.

EMÍLIA
Senhora?

FLORÊNCIA
Chega aqui. Ó menina, não deixarás este ar triste e lagrimoso em que andas?

EMÍLIA
Minha mãe, eu não estou triste. (*Limpa os olhos com o lenço*)

FLORÊNCIA
Aí tem! Não digo? A chorar. De que chora?

EMÍLIA
De nada, não, senhora.

FLORÊNCIA
Ora, isto é insuportável! Mata-se e amofina-se uma mãe extremosa para fazer a felicidade de sua filha, e como agradece esta? Arrepelando-se e chorando. Ora, sejam lá mãe e tenham filhos desobedientes...

EMÍLIA
Não sou desobediente. Far-lhe-ei a vontade; mas não posso deixar de chorar e sentir. (*Aqui aparece à porta por onde saiu, Ambrósio, em mangas de camisa, para observar*)

FLORÊNCIA
E por que tanto chora a menina, por quê?

EMÍLIA
Minha mãe...

FLORÊNCIA
O que tem de mau a vida de freira?

EMÍLIA
Será muito boa, mas é que não tenho inclinação nenhuma para ela.

FLORÊNCIA
Inclinação, inclinação! O que quer dizer inclinação? Terás, sem dúvida, por algum francelho frequentador de bailes e passeios, jogador do *écarté*[3] e dançador de polca? Essas inclinações é que perdem a muitas meninas. Esta cabecinha ainda está muito leve; eu é que sei o que te convém: serás freira.

EMÍLIA
Serei freira, minha mãe, serei! Assim como estou certa que hei de ser desgraçada...

FLORÊNCIA
Histórias! Sabes tu o que é o mundo? O mundo é... é... (*À parte*) Já não me recordo o que me disse o Sr. Ambrósio que era o mundo. (*Alto*) O mundo é... um... é... (*À parte*) E esta? *(Vendo Ambrósio junto da porta)* Ah, Ambrósio, dize aqui a esta estonteada o que é o mundo.

AMBRÓSIO, (*adiantando-se*)
O mundo é o um pélago de enganos e traições, um escolho em que naufragam a felicidade e as doces ilusões da vida... E o convento é porto de salvação e ventura, único abrigo da inocência e verdadeira felicidade... Onde está minha casaca?

---

[3] Tipo de jogo de cartas, praticado em duplas.

FLORÊNCIA
Lá em cima no sótão. (*Ambrósio sai pela direita. Florência, para Emília*) Ouviste o que é o mundo, e o convento? Não sejas pateta, vem acabar de vestir-te, que são mais que horas. *(Sai pela direita)*

Cena VI

(*Emília e depois Carlos*)

EMÍLIA
É minha mãe, devo-lhe obediência, mas este homem, meu padrasto, como o detesto! Estou certa que foi ele quem persuadiu a minha mãe que me metesse no convento. Ser freira? Oh, não, não! E Carlos, que tanto amo? Pobre Carlos, também te perseguem! E por que nos perseguem assim? Não sei! Como tudo mudou nesta casa, depois que minha mãe casou-se com este homem! Então não pensou ela na felicidade de seus filhos. Ai, ai!

Cena VII

(*Carlos, com hábito de noviço, entra assustado e fecha a porta*)

EMÍLIA, (*assustando-se*)
Ah, quem é? Carlos!

CARLOS
Cala-te!

EMÍLIA
Meu Deus, o que tens, por que estás tão assustado? O que foi?

CARLOS
Onde está minha tia, e o teu padrasto?

EMÍLIA
Lá em cima. Mas o que tens?

CARLOS
Fugi do convento, e aí vêm eles atrás de mim.

EMÍLIA
Fugiste? E por que motivo?

CARLOS
Por que motivo? Pois faltam motivos para se fugir de um convento? O último foi o jejum em que vivo há sete dias... Vê como tenho esta barriga, vai a sumir-se. Desde sexta-feira passada que não mastigo pedaço que valha a pena.

EMÍLIA
Coitado!

CARLOS
Hoje, já não podendo, questionei com o D. Abade. Palavras puxam palavras; dize tu, direi eu, e por fim de contas arrumei-lhe uma cabeçada, que o atirei por esses ares.

EMÍLIA
O que fizeste, louco?

CARLOS
E que culpa tenho eu, se tenho a cabeça esquentada? Para que querem violentar minhas inclinações? Não nasci para frade, não tenho jeito nenhum para estar horas inteiras no coro a rezar com os braços encruzados. Não me vai o gosto para aí... Não posso jejuar: tenho, pelo menos três vezes ao dia uma fome de todos os diabos. Militar é o que eu quisera ser; para aí chama-me a inclinação. Bordoadas, espadeiradas, rusgas é que me regalam; esse é o meu gênio. Gosto de teatro, e de lá ninguém vai ao teatro, à exceção de Frei Maurício, que frequenta a plateia de casaca e cabeleira, para esconder a coroa.

EMÍLIA
Pobre Carlos, como terás passado estes seis meses de noviciado!

CARLOS
Seis meses de martírio! Não que a vida de frade seja má; boa é ela para quem a sabe gozar e que para ela nasceu; mas eu, priminha, eu que tenho para a tal vidinha negação completa, não posso!

EMÍLIA
E os nossos parentes quando nos obrigam a seguir uma carreira para a qual não temos inclinação alguma, dizem que o tempo acostumar-nos-á.

CARLOS
O tempo acostumar! Eis aí porque vemos entre nós tantos absurdos e disparates. Este tem jeito para sapateiro: pois vá estudar medicina... Excelente médico! Aquele tem inclinação para cômico: pois não senhor, será político... Ora, ainda isso vá. Est'outro só tem jeito para caiador ou borrador: nada, é ofício que não presta... Seja diplomata, que borra tudo quanto faz. Aquel'outro chama-lhe toda a propensão para a ladroeira; manda o bom senso que se corrija o sujeitinho, mas isso não se faz: seja tesoureiro de repartição, fiscal, e lá se vão os cofres da nação à garra... Ess'outro tem uma grande carga de preguiça e indolência? E só serviria para leigo de convento, no entanto vemos o bom do mandrião empregado público, comendo com as mãos encruzadas sobre a pança o pingue ordenado da nação.

EMÍLIA
Tens muita razão; assim é.

CARLOS
Este nasceu para poeta ou escritor, com uma imaginação fogosa e independente, capaz de grandes coisas, mas não pode seguir a sua inclinação, porque poetas e escritores morrem

de miséria no Brasil... E assim [o] obriga a necessidade a ser o mais somenos[4] amanuense em uma repartição pública e a copiar cinco horas por dia os mais soníferos papéis. O que acontece? Em breve matam-lhe a inteligência e fazem do homem pensante máquina estúpida, e assim se gasta uma vida! É preciso, é já tempo que alguém olhe para isso, e alguém que possa.

EMÍLIA
Quem pode nem sempre sabe o que se passa entre nós, para poder remediar; é preciso falar.

CARLOS
O respeito e a modéstia prendem muitas línguas, mas lá vem um dia que a voz da razão se faz ouvir, e tanto mais forte quanto mais comprimida...

EMÍLIA
Mas Carlos, hoje te estou desconhecendo...

CARLOS
A contradição em que vivo tem-me exasperado! E como queres tu que eu não fale quando vejo, aqui, um péssimo cirurgião que poderia ser bom alveitar;[5] ali, um ignorante general que poderia ser excelente enfermeiro; acolá, um periodiqueiro que só serviria para arreiro, tão desbocado e insolente é, etc., etc. Tudo está fora de seus eixos...

EMÍLIA
Mas que queres tu que se faça?

CARLOS
Que não se constranja ninguém, que se estudem os homens e que haja uma bem entendida e esclarecida proteção, e que,

---

[4] De pouca importância; irrelevante.
[5] Indivíduo que trata de doenças de animais sem ser veterinário.

sobretudo, se despreze o patronato, que assenta o jumento nas bancas das academias e amarra o homem de talento à manjedoura. Eu, que quisera viver com uma espada à cinta e à frente do meu batalhão, conduzi-lo ao inimigo através da metralha, bradando: "Marcha... (*Manobrando pela sala, entusiasmado*) Camaradas, coragem, calar baionetas! Marche, marche! Firmeza, avança! O inimigo fraqueia... (*Seguindo Emília, que recua, espantada*) Avança!"

EMÍLIA
Primo, primo, que é isso? Fique quieto!

CARLOS, (*entusiasmado*)
"Avança, bravos companheiros, viva a Pátria Viva!" — e voltar vitorioso, coberto de sangue e poeira... Em vez desta vida de agitação e glória, hei de ser frade, revestir-me de paciência e humildade, encomendar defuntos... (*Cantando*) *Requiescat in pace... a porta inferi! amen...* O que seguirá disto? O ser eu péssimo frade, descrédito do convento e vergonha do hábito que visto. Falta-me a paciência.

EMÍLIA
Paciência, Carlos, preciso eu também ter, e muita. Minha mãe declarou-me positivamente que eu hei de ser freira.

CARLOS
Tu, freira?! Também te perseguem?

EMÍLIA
E meu padrasto ameaça-me.

CARLOS
Emília, aos cinco anos estava eu órfão, e tua mãe, minha tia, foi nomeada por meu pai sua testamenteira e minha tutora. Contigo cresci nesta casa, e à amizade de criança seguiu-se inclinação mais forte... Eu te amei, Emília e tu também me amaste.

EMÍLIA
Carlos!

CARLOS
Vivíamos felizes esperando que um dia nos uniríamos. Nesses planos estávamos, quando apareceu este homem, não sei donde, e que soube a tal ponto iludir tua mãe, que a fez esquecer-se de seus filhos que tanto amava, de seus interesses e contrair segundas núpcias.

EMÍLIA
Desde então nossa vida tem sido tormentosa...

CARLOS
Obrigaram-me a ser noviço, e não contentes com isso, querem-te fazer freira. Emília, há muito tempo que eu observo este teu padrasto. E sabes qual tem sido o resultado de minhas observações?

EMÍLIA
Não.

CARLOS
Que ele é um rematadíssimo velhaco.

EMÍLIA
Oh, estás bem certo disso?

CARLOS
Certíssimo! Esta resolução que tomaram, de fazerem-te freira, confirma a minha opinião.

EMÍLIA
Explica-te.

CARLOS
Teu padrasto persuadia a minha tia que me obrigasse a ser frade para assim roubar-me, impunemente, a herança que meu pai deixou-me. Um frade não põe demandas...

EMÍLIA
É possível?

CARLOS
Ainda mais; querem que tu sejas freira para não te darem dote, se te casares.

EMÍLIA
Carlos, quem te disse isso? Minha mãe não é capaz!

CARLOS
Tua mãe vive iludida. Oh, que não possa eu desmascarar este tratante!...

EMÍLIA
Fala baixo!

Cena VIII

(*Entra Juca*)

JUCA
Mana, mamãe pergunta por você.

CARLOS
De hábito? Também ele? Ah!...

JUCA, (*correndo para Carlos*)
Primo Carlos!

CARLOS, (*tomando-o no colo*)
Juquinha! Então, prima, tenho ou não razão? Há ou não plano?

JUCA
Primo, você também é frade? Já lhe deram também um carrinho de prata com cavalos de ouro?

CARLOS
O que dizes?

JUCA
Mamãe disse que havia de me dar um muito dourado quando eu fosse frade. (*Cantando*) Eu quero ser frade... (*Etc., etc.*)

CARLOS, (*para Emília*)
Ainda duvidas? Vê como enganam esta inocente criança!

JUCA
Não enganam não, primo; os cavalos andam sozinhos.

CARLOS, (*para Emília*)
Então?

EMÍLIA
Meu Deus!

CARLOS
Deixa o caso por minha conta. Hei de fazer uma estralada de todos os diabos, verão...

EMÍLIA
Prudência!

CARLOS
Deixa-os comigo. Adeus, Juquinha, vai para dentro com tua irmã. (*Bota-o no chão*)

JUCA
Vamos, mana. (*Sai cantando*) Eu quero ser frade... (*Emília o segue*)

Cena IX

CARLOS, (*só*)
Hei de descobrir algum meio... Oh, se hei de! Hei de ensinar a este patife, que casou-se com minha tia para comer não só a sua fortuna, como a de seus filhos. Que belo padrasto!.. Mas por ora tratemos de mim; sem dúvida no convento anda tudo em polvorosa... Foi boa cabeçada! O D. Abade deu um salto de trampolim... (*Batem à porta*) Batem? Mau! Serão eles? (*Batem*) Espreitemos pelo buraco da fechadura. (*Vai espreitar*) É uma mulher... (*Abre a porta*)

Cena X

(*Rosa e Carlos*)

ROSA
Dá licença?

CARLOS
Entre.

ROSA, (*entrando*)
Uma serva de Vossa Reverendíssima.

CARLOS
Com quem tenho o prazer de falar?

ROSA
Eu, Reverendíssimo Senhor, sou uma pobre mulher. Ai, estou muito cansada...

CARLOS
Pois sente-se, senhora. (*À parte*) Quem será?

ROSA, (*sentando-se*)
Eu chamo-me Rosa. Há uma hora que cheguei do Ceará no vapor *Paquete do Norte*.

CARLOS
Deixou aquilo por lá tranquilo?

ROSA
Muito tranquilo, Reverendíssimo. Houve apenas no mês passado vinte e cinco mortes.

CARLOS
São Brás! Vinte e cinco mortes! E chama a isso tranquilidade?

ROSA
Se Vossa Reverendíssima soubesse o que por lá vai, não se admiraria. Mas, meu senhor, isto são coisas que nos não pertencem; deixe lá morrer quem morre, que ninguém se importa com isso. Vossa Reverendíssima é cá da casa?

CARLOS
Sim, senhora.

ROSA
Então é parente de meu homem?

CARLOS
De seu homem?

ROSA
Sim, senhor.

CARLOS
E quem é seu homem?

ROSA
O Sr. Ambrósio Nunes.

CARLOS
O Sr. Ambrósio Nunes!...

ROSA
Somos casados há oito anos.

CARLOS
A senhora é casada com o Sr. Ambrósio Nunes, e isto há oito anos?!

ROSA
Sim, senhor.

CARLOS
Sabe o que está dizendo?

ROSA
Essa é boa!

CARLOS
Está em seu perfeito juízo?

ROSA
O Reverendíssimo ofende-me...

CARLOS
Com a fortuna! Conte-me isso, conte-me como se casou, quando, como, em que lugar?

ROSA
O lugar foi na igreja.

CARLOS
Está visto.

ROSA
Quando, já disse; há oito anos.

CARLOS
Mas onde?

ROSA, (*levanta-se*)
Eu digo a Vossa Reverendíssima. Sou filha do Ceará. Tinha eu meus quinze anos quando lá apareceu, vindo do Maranhão, o Sr. Ambrósio. Foi morar na nossa vizinhança. Vossa Reverendíssima bem sabe o que são vizinhanças... Eu o via todos os dias, ele também via-me; eu gostei, ele gostou e nos casamos.

CARLOS
Isso foi anda mão, fia dedo... E tem documentos que provem o que diz?

ROSA
Sim senhor, trago comigo a certidão do vigário que nos casou, assinada pelas testemunhas, e pedi logo duas, por causa das dúvidas. Podia perder uma...

CARLOS
Continue...

ROSA
Vivi dois anos com meu marido muito bem. Passado esse tempo, morreu minha mãe. O Sr. Ambrósio tomou conta de nossos bens, vendeu-os e partiu para Montevidéu a fim de empregar o dinheiro em um negócio, no qual, segundo dizia, havíamos de ganhar muito. Vai isto para seis anos, mas desde então, Reverendíssimo Senhor, não soube mais notícias dele.

CARLOS
Oh!

ROSA
Escrevi-lhe sempre, mas nada de receber resposta. Muito chorei, porque pensei que ele havia morrido.

CARLOS
A história vai interessando-me, continue.

ROSA
Eu já estava desenganada, quando um sujeito que foi aqui do Rio disse-me que meu marido ainda vivia e que habitava na Corte.

CARLOS
E nada mais lhe disse?

ROSA
Vossa Reverendíssima vai espantar-se do que eu disser...

CARLOS
Não me espanto, diga.

ROSA
O sujeito acrescentou que meu marido tinha-se casado com outra mulher.

CARLOS
Ah, disse-lhe isso?

ROSA
E muito chorei eu, Reverendíssimo; mas depois pensei que era impossível, pois um homem pode lá casar-se tendo a mulher viva? Não é verdade, Reverendíssimo?

CARLOS
A bigamia é um grande crime; o Código é muito claro.

ROSA
Mas, na dúvida, tirei as certidões do meu casamento, parti para o Rio, e, assim que desembarquei, indaguei onde ele morava. Ensinaram-me e venho eu mesma perguntar-lhe que histórias são essas de casamentos.

CARLOS
Pobre mulher, Deus se compadeça de ti!

ROSA
Então é verdade?

CARLOS
Filha, a resignação é uma grande virtude. Quer fiar-se em mim, seguir meus conselhos?

ROSA
Sim senhor, mas que tenho eu a temer? Meu marido está com efeito casado?

CARLOS
Dê-me cá uma das certidões.

ROSA
Mas...

CARLOS
Fia-se ou não em mim?

ROSA
Aqui está. (*Dá-lhe uma das certidões*)

AMBRÓSIO, (*dentro*)
Desçam, desçam, que passam as horas.

CARLOS
Aí vem ele.

ROSA
Meu Deus!

CARLOS
Tomo-a debaixo da minha proteção. Venha cá; entre neste quarto.

ROSA
Mas Reverendíssimo...

CARLOS
Entre, entre, senão abandono-a. *(Rosa entra no quarto à esquerda e Carlos cerra a porta)*

Cena XI

CARLOS, *(só)*
Que ventura, ou antes, que patifaria! Que tal? Casado com duas mulheres! Oh, mas o Código é muito claro... Agora verás como se rouba e se obriga a ser frade...

Cena XII

(Entra Ambrósio de casaca, seguido de Florência e Emília, ambas de véu de renda preta sobre a cabeça)

AMBRÓSIO, *(entrando)*
Andem, andem! Irra, essas mulheres a vestirem-se fazem perder a paciência!

FLORÊNCIA, *(entrando)*
Estamos prontas.

AMBRÓSIO, *(vendo Carlos)*
Oh, que fazes aqui?

CARLOS *(principia a passear pela sala de um para outro lado)*
Não vê? Estou passeando; divirto-me.

AMBRÓSIO
Como é lá isso?

CARLOS, (*do mesmo modo*)
Não é da sua conta.

FLORÊNCIA
Carlos, que modos são esses?

CARLOS
Que modos são? São os meus.

EMÍLIA, (*à parte*)
Ele se perde!

FLORÊNCIA
Estás doido?

CARLOS
Doido estava alguém quando... Não me faça falar...

FLORÊNCIA
Hem?

AMBRÓSIO
Deixe-o comigo. (*Para Carlos*) Por que saíste do convento?

CARLOS
Porque quis. Então não tenho vontade?

AMBRÓSIO
Isso veremos. Já para o convento!

CARLOS, (*rindo-se com força*)
Ah, ah, ah!

AMBRÓSIO
Ri-se?

FLORÊNCIA, (*ao mesmo tempo*)
Carlos!

EMÍLIA
Primo!

CARLOS
Ah, ah, ah!

AMBRÓSIO, (*enfurecido*)
Ainda uma vez, obedece-me, ou...

CARLOS
Que cara! Ah, ah! (*Ambrósio corre para cima de Carlos*)

FLORÊNCIA, (*metendo-se no meio*)
Ambrosinho!

AMBRÓSIO
Deixe-me ensinar a este malcriado.

CARLOS
Largue-o, tia, não tenha medo.

EMÍLIA
Carlos!

FLORÊNCIA
Sobrinho, o que é isso?

CARLOS
Está bom, não se amofinem tanto, voltarei para o convento.

AMBRÓSIO
Ah, já?!

CARLOS
Já, sim senhor, quero mostrar a minha obediência.

AMBRÓSIO
E que não fosse.

CARLOS
Incorreria no seu desagrado? Forte desgraça!...

FLORÊNCIA
Principias?

CARLOS
Não senhora, quero dar uma prova de submissão ao senhor meu tio... É, meu tio, é... Casado com minha tia segunda vez... Quero dizer, minha tia é que se casou segunda vez.

AMBRÓSIO, (*assustando-se, à parte*)
O que diz ele?

CARLOS, (*que o observa*)
Não há dúvida...

FLORÊNCIA, (*para Emília*)
O que tem hoje este rapaz?

CARLOS
Não é assim, senhor meu tio? Venha cá, faça-me o favor, senhor meu tio. (*Travando-lhe do braço*)

AMBRÓSIO
Tira as mãos.

CARLOS
Ora, faça-me o favor, senhor meu tio, quero-lhe mostrar uma coisa; depois farei o que quiser. (*Levando-o para a porta do quarto*)

FLORÊNCIA
O que é isto?

AMBRÓSIO
Deixa-me!

CARLOS
Um instante. (*Retendo Ambrósio com uma mão, com a outra empurra a porta e aponta para dentro, dizendo*) Vê!

AMBRÓSIO, (*afirmando a vista*)
Oh! (*Volta para junto de Florência e de Emília, e as toma convulsivo pelo braço*) Vamos, vamos, são horas!

FLORÊNCIA
O que é?

AMBRÓSIO, (*forcejando por sair e levá-las consigo*)
Vamos, vamos!

FLORÊNCIA
Sem chapéu?

AMBRÓSIO
Vamos, vamos! (*Sai, levando-as*)

CARLOS
Então, senhor meu tio? Já não quer que eu vá para o convento? (*Depois que ele sai*) Senhor meu tio, senhor meu tio? (*Vai à porta, gritando*)

Cena XIII

(*Carlos, só, e depois Rosa*)

CARLOS, (*rindo-se*)
Ah, ah, ah, agora veremos, e me pagarás... E minha tia também há de pagá-lo, para não se casar na sua idade e ser tão assanhada. E o menino, que não se contentava com uma...

ROSA, (*entrando*)
Então, Reverendíssimo?

CARLOS
Então?

ROSA
Eu vi meu marido um instante e fugiu. Ouvi vozes de mulheres...

CARLOS
Ah, ouviu? Muito estimo. E sabe de quem eram essas vozes?

ROSA
Eu tremo de adivinhar...

CARLOS
Pois adivinhe logo de uma assentada... Eram da mulher de seu marido.

ROSA
É então verdade? Pérfido, traidor! Ah, desgraçada! (*Vai a cair desmaiada e Carlos a sustém nos braços*)

CARLOS
Desmaiada! Sra. D. Rosa? Fi-la bonita! Esta é mesmo de frade... Senhora, torne a si, deixe desses faniquitos! Olhe que aqui não há quem a socorra. Nada! E esta? Ó Juquinha? Juquinha? (*Juca entra, trazendo em uma mão um assobio de palha e tocando em outro*) Deixa esses assobios sobre a mesa e vai lá dentro buscar alguma coisa para esta moça cheirar.

JUCA
Mas o que, primo?

CARLOS
A primeira coisa que encontrares. (*Juca larga os assobios na mesa e sai correndo*) Isto está muito bonito! Um frade com uma moça desmaiada nos braços. Valha-me Santo

Antônio! O que diriam, se assim me vissem? (*Gritando-lhe ao ouvido*) Olá! Nada.

JUCA (*entra montado a cavalo em um arco de pipa, trazendo um galheteiro*)
Vim a cavalo para chegar mais depressa. Está o que achei.

CARLOS
Um galheteiro, menino?

JUCA
Não achei mais nada.

CARLOS
Está bom, dá cá o vinagre. (*Toma o vinagre e o chega ao nariz de Rosa*) Não serve; está na mesma. Toma... Vejamos se o azeite faz mais efeito. Isto parece-me salada... Azeite e vinagre. Ainda está mal temperada; venha a pimenta-da-índia. Agora creio que não falta nada. Pior é essa; a salada ainda não está boa! Ai, que não tem sal. Bravo, está temperada! Venha mais sal... Agora sim.

ROSA, (*tornando a si*)
Onde estou eu?

CARLOS
Nos meus braços.

ROSA, (*afastando-se*)
Ah, Reverendíssimo!

CARLOS
Não se assuste. (*Para Juca*) Vai para dentro. (*Juca sai*)

ROSA
Agora me recordo... Pérfido, ingrato!

CARLOS
Não torne a desmaiar, que já não posso.

ROSA
Assim enganar-me! Não há leis, não há justiça?...

CARLOS
Há tudo isso, e de sobra. O que não há é quem as execute. (*Rumor na rua*)

ROSA, (*assustando-se*)
Ah!

CARLOS
O que será isto? (*Vai à janela*) Ah, com São Pedro! (*À parte*) O mestre de noviços seguido de meirinhos que me procuram... Não escapo...

ROSA
O que é, Reverendíssimo? De que se assusta?

CARLOS
Não é nada (*À parte*) Estou arranjado! (*Chega à janela*) Estão indagando na vizinhança... O que farei?

ROSA
Mas o que é? O quê?

CARLOS, (*batendo na testa*)
Oh, só assim... (*Para Rosa*) Sabe o que é isto?

ROSA
Diga.

CARLOS
É um poder de soldados e meirinhos que vem prendê-la por ordem de seu marido.

ROSA
Jesus! Salve-me, salve-me!

CARLOS
Hei de salvá-la; mas faça o que eu lhe disser.

ROSA
Estou pronta.

CARLOS
Os meirinhos entrarão aqui e hão de levar por força alguma coisa — esse é o seu costume. O que é preciso é enganá-los.

ROSA
E como?

CARLOS
Vestindo a senhora o meu hábito, e eu o seu vestido.

ROSA
Oh!

CARLOS
Levar-me-ão preso; terá a senhora tempo de fugir.

ROSA
Mas...

CARLOS
Ta, ta, ta... Ande, deixe-me fazer uma obra de caridade; para isso é que somos frades. Entre para este quarto, dispa lá o seu vestido e mande-me, assim como a touca e xale. Ó Juca? Juca? (*Empurrando Rosa*) Não se demore. (*Entra Juca*) Juca, acompanha esta senhora e faze o que ela te mandar. Ande, senhora, com mil diabos! (*Rosa entra no quarto à esquerda, empurrada por Carlos*)

Cena XIV

CARLOS, (*só*)
Bravo, esta é de mestre! (*Chegando à janela*) Lá estão eles conversando com o vizinho do armarinho. Não tardarão a dar com o rato na ratoeira, mas o rato é esperto e os logrará. Então; vem o vestido?

ROSA, (*dentro*)
Já vai.

CARLOS
Depressa! O que me vale é ser o mestre de noviços catacego e trazer óculos. Cairá na esparrela.[6] (*Gritando*) Vem ou não?

JUCA (*traz o vestido, touca e o xale*)
Está.

CARLOS
Bom. (*Despe o hábito*) Ora vá, senhor hábito. Bem se diz que o hábito não faz o monge. (*Dá o hábito e o chapéu a Juca*) Toma, leva à moça. (*Juca sai*) Agora é que são elas... Isto é mangas? Diabo, por onde se enfia esta geringonça? Creio que é por aqui... Bravo, acertei. Belíssimo! Agora a touca. (*Põe a touca*) Vamos ao xale... Estou guapo; creio que farei a minha parte de mulher excelentemente. (*Batem na porta*) São eles. (*Com voz de mulher*) Quem bate?

MESTRE, (*dentro*)
Um servo de Deus.

CARLOS, (*com a mesma voz*)
Pode entrar quem é.

---

[6] Armadilha de caça; engano.

Cena XV

(Carlos, Mestre de Noviços e três meirinhos)

MESTRE
Deus esteja nesta casa.

CARLOS
Humilde serva de Vossa Reverendíssima...

MESTRE
Minha senhora, terá a bondade de perdoar-me pelo incômodo que lhe damos, mas nosso dever...

CARLOS
Incômodos, Reverendíssimo Senhor?

MESTRE
Vossa Senhoria há de permitir que lhe pergunte se o noviço Carlos, que fugiu do convento...

CARLOS
Psiu, caluda!

MESTRE
Hem?

CARLOS
Está ali...

MESTRE
Quem?

CARLOS
O noviço...

MESTRE
Ah!

CARLOS
É preciso surpreendê-lo...

MESTRE
Estes senhores oficiais de justiça nos ajudarão.

CARLOS
Muito cuidado. Este meu sobrinho dá-me um trabalho...

MESTRE
Ah, a senhora é sua tia?

CARLOS
Uma sua criada.

MESTRE
Tenho muita satisfação.

CARLOS
Não percamos tempo. Fiquem os senhores aqui do lado da porta, muito calados; eu chamarei o sobrinho. Assim que ele sair, não lhe deem tempo de fugir; lancem-se de improviso sobre ele e levem-no à força.

MESTRE
Muito bem.

CARLOS
Diga ele o que disser, grite como gritar, não façam caso, arrastem-no.

MESTRE
Vamos a isso.

CARLOS
Fiquem aqui. (*Coloca-os junto à porta da esquerda*) Atenção. (*Chamando para dentro*) Psiu! Psiu! Saia cá para fora, devagarinho! (*Prevenção*)

Cena XVI

(*Os mesmos e Rosa vestida de frade e chapéu na cabeça*)

ROSA, (*entrando*)
Já se foram? (*Assim que ela aparece, o Mestre e os meirinhos se lançam sobre ela e procuram carregar até fora*)

MESTRE
Está preso. Há de ir. É inútil resistir. Assim não se foge... (*Etc., etc.*)

ROSA, (*lutando sempre*)
Ai, ai, acudam-me! Deixem-me! Quem me socorre? (*Etc.*)

CARLOS
Levem-no, levem-no. (*Algazarra de vozes; todos falam ao mesmo tempo, etc. Carlos, para aumentar o ruído, toma um assobio que está sobre a mesa e toca. Juca também entra nessa ocasião, etc. Execução*)

Segundo ato

(*A mesma sala do primeiro ato*)

Cena I

(*Carlos, ainda vestido de mulher, está sentado, e Juca, à janela*)

CARLOS
Juca, toma sentido; assim que avistares teu padrasto lá no fim da rua, avisa-me.

JUCA
Sim, primo.

CARLOS
No que dará tudo isto? Qual será a sorte de minha tia? Que lição! Desanda tudo em muita pancadaria. E a outra, que foi para o convento?... Ah, ah, ah, agora é que me lembro dessa! Que confusão entre os frades, quando ela se der a conhecer! (*Levantando-se*) Ah, ah, ah, parece-me que estou vendo o D. Abade horrorizado, o mestre de noviços limpando os óculos de boca aberta, Frei Maurício, o folgazão, a rir-se às gargalhadas, Frei Sinfrônio, o austero, levantando os olhos para o céu abismado, e os noviços todos fazendo roda, coçando o cachaço.[7] Ah, que festa perco eu! Enquanto eu lá estive ninguém lembrou-se de dar-me semelhante divertimento. Estúpidos! Mas, o fim de tudo isto? O fim?...

---

[7] Parte posterior do pescoço.

JUCA, (*da janela*)
Primo, aí vem ele!

CARLOS
Já? (*Chega à janela*) É verdade. E com que pressa! (*Para Juca*) Vai tu para dentro. (*Juca sai*) E eu ainda deste modo, com este vestido... Se eu sei o que hei de fazer?... Sobe a escada... Dê no que der... (*Entra no quarto onde esteve Rosa*)

Cena II

(*Entra Ambrósio; mostra no semblante alguma agitação*)

AMBRÓSIO
Lá as deixei no Carmo. Entretidas com o ofício, não darão falta de mim. É preciso, e quanto antes, que eu fale com esta mulher. É ela, não há dúvida... Mas como soube que eu aqui estava? Quem lhe disse? Quem a trouxe? Foi o diabo, para a minha perdição. Em um momento pode tudo mudar; não se perca tempo. (*Chega à porta do quarto*) Senhora, queira ter a bondade de sair cá para fora.

Cena III

(*Entra Carlos cobrindo o rosto com um lenço. Ambrósio encaminha-se para o meio da sala, sem olhar para ele, e assim lhe fala*)

AMBRÓSIO
Senhora, muito bem conheço as vossas intenções; porém previno-vos que muito vos enganastes.

CARLOS, (*suspirando*)
Ai, ai!

AMBRÓSIO
Há seis anos que vos deixei, tive para isso motivos muito poderosos...

CARLOS, (*à parte*)
Que tratante!

AMBRÓSIO
E o meu silêncio depois desse tempo, devia ter-vos feito conhecer que nada mais existe de comum entre nós.

CARLOS, (*fingindo que chora*)
Hi, hi, hi...

AMBRÓSIO
O pranto não me comove. Jamais podemos viver juntos... Fomos casados, é verdade, mas que importa?

CARLOS, (*no mesmo*)
Hi, hi, hi...

AMBRÓSIO
Estou resolvido a viver separado de vós.

CARLOS, (*à parte*)
E eu também...

AMBRÓSIO
E para esse fim, empregarei todos os meios, todos, entendeis-me? (*Carlos cai de joelhos aos pés de Ambrósio, e agarra-se às pernas dele, chorando*) Não valem súplicas. Hoje mesmo deixareis esta cidade; senão, serei capaz de um grande crime. O sangue não me aterra, e ai de quem me resiste! Levantai-vos e parti. (*Carlos puxa as pernas de Ambrósio, dá com ele no chão e levanta-se, rindo-se*) Ai!

CARLOS
Ah, ah, ah!

AMBRÓSIO (*levanta-se muito devagar, olhando muito admirado para* Carlos, *que se ri*)
Carlos! Carlos!

CARLOS
Senhor meu tio! Ah, ah, ah!

AMBRÓSIO
Mas então o que é isto?

CARLOS
Ah, ah, ah!

AMBRÓSIO
Como te achas aqui assim vestido?

CARLOS
Este vestido, senhor meu tio... Ah, ah!

AMBRÓSIO
Maroto!

CARLOS
Tenha-se lá! Olhe que eu chamo por ela.

AMBRÓSIO
Ela quem, brejeiro?

CARLOS
Sua primeira mulher...

AMBRÓSIO
Minha primeira mulher? É falso.

CARLOS
É falso?

AMBRÓSIO
É.

CARLOS
E será também falsa esta certidão do vigário da freguesia de... (*Olhando para a certidão*) Maranguape, no Ceará, em que se prova que o senhor meu tio recebeu-se... (*lendo*) em santo matrimônio, à face da Igreja, com D. Rosa Escolástica, filha de Antônio Lemos, etc., etc.? Sendo testemunhas, etc.

AMBRÓSIO
Dá-me esse papel!

CARLOS
Devagar...

AMBRÓSIO
Dá-me esse papel!

CARLOS
Ah, o senhor meu tio encrespa-se. Olhe que a tia não está em casa, e eu sou capaz de lhe fazer o mesmo que fiz ao D. Abade.

AMBRÓSIO
Onde está ela?

CARLOS
Em lugar que aparecerá quando eu ordenar.

AMBRÓSIO
Ainda está naquele quarto; não teve tempo de sair.

CARLOS
Pois vá ver. (*Ambrósio sai apressado*)

Cena IV

CARLOS, (*só*)
Procure bem! Deixa estar, meu espertalhão, que agora te hei de eu apertar a corda na garganta. Estais em meu poder; queres roubar-nos... (*Gritando*) Procure bem; talvez esteja dentro das gavetinhas do espelho. Então? Não acha?

Cena V

(*O mesmo e Ambrósio*)

AMBRÓSIO, (*entrando*)
Estou perdido!

CARLOS
Não achou?

AMBRÓSIO
O que será de mim?

CARLOS
Talvez se escondesse em algum buraquinho de rato.

AMBRÓSIO, (*caindo sentado*)
Estou perdido, perdido! Em um momento tudo se transtornou. Perdido para sempre!

CARLOS
Ainda não, porque eu posso salvá-lo.

AMBRÓSIO
Tu?

CARLOS
Eu, sim.

AMBRÓSIO
Carlinho!

CARLOS
Já?

AMBRÓSIO
Carlinho!

CARLOS
Ora vejam como está terno!

AMBRÓSIO
Por tua vida, salva-me!

CARLOS
Eu salvarei, mas debaixo de certas condições...

AMBRÓSIO
E quais são elas?

CARLOS
Nem eu nem o primo Juca queremos ser frades...

AMBRÓSIO
Não serão.

CARLOS
Quero casar-me com minha prima...

AMBRÓSIO
Casarás.

CARLOS
Quero a minha legítima...

AMBRÓSIO
Terás a tua legítima.

CARLOS
Muito bem.

AMBRÓSIO
E tu me prometes que nada dirás à tua tia do que sabes?

CARLOS
Quanto a isso pode estar certo. (*À parte*) Veremos...

AMBRÓSIO
Agora dize-me, onde ela está?

CARLOS
Não posso, o segredo não é meu.

AMBRÓSIO
Mas dá-me a tua palavra de honra que ela saiu desta casa?

CARLOS
Já saiu, palavra de mulher honrada.

AMBRÓSIO
E que nunca mais voltará?

CARLOS
Nunca mais. (*À parte*) Isto é, se quiserem ficar com ela lá no convento, em meu lugar.

AMBRÓSIO
Agora dá-me esse papel.

CARLOS
Espere lá; o negócio não vai assim. Primeiro hão de cumprir-se as condições.

AMBRÓSIO
Carlinho, dá-me esse papel!

CARLOS
Não pode ser.

AMBRÓSIO
Dá-mo, por quem és!

CARLOS
Pior é a seca.

AMBRÓSIO
Eis-me a teus pés. (*Ajoelha-se; nesse mesmo tempo aparecem à porta Florência e Emília, as quais caminham para ele pé ante pé*)

CARLOS
Isso é teima; levante-se!

AMBRÓSIO
Não me levantarei enquanto mo não deres. Para que o queres tu? Farei tudo quanto quiseres, nada me custará para servir-te. Minha mulher fará tudo quanto ordenares; dispõe dela.

FLORÊNCIA
A senhora pode dispor de mim, pois não...

AMBRÓSIO
Ah! (*Levanta-se espavorido*)

CARLOS, (*à parte*)
Temo-la!...

FLORÊNCIA, (*para Ambrósio*)
Que patifaria é essa? Em minha casa e às minhas barbas, aos pés de uma mulher! Muito bem!

AMBRÓSIO
Florência!

FLORÊNCIA
Um dardo que te parta! (*Voltando-se para Carlos*) E quem é a senhora?

CARLOS, (*com a cara baixa*)
Sou uma desgraçada!

FLORÊNCIA
Ah, é uma desgraçada... Seduzindo um homem casado! Não sabe que.... (*Carlos que encara com ela, que rapidamente tem suspendido a palavra e, como assombrada, principia a olhar para ele, que ri-se*) Carlos! Meu sobrinho!

EMÍLIA
O primo!

CARLOS
Sim, tiazinha, sim, priminha.

FLORÊNCIA
Que mascarada é essa?

CARLOS
É uma comédia que ensaiávamos para sábado de Aleluia.

FLORÊNCIA
Uma comédia?

AMBRÓSIO
Sim, era uma comédia, um divertimento, uma surpresa. Eu e o sobrinho arranjávamos isso... Bagatela, não é assim, Carlinho? Mas então vocês não ouviram o ofício até o fim? Quem pregou?

FLORÊNCIA, (*à parte*)
Isto não é natural... Aqui há coisa.

AMBRÓSIO
A nossa comédia era mesmo sobre isso.

FLORÊNCIA
O que está o senhor a dizer?

CARLOS, (*à parte*)
Perdeu a cabeça. (*Para Florência*) Tia, basta que saiba que era uma comédia. E antes de principiar o ensaio o tio deu-me a sua palavra que eu não seria frade. Não é verdade, tio?

AMBRÓSIO
É verdade. O rapaz não tem inclinação, e para que obrigá-lo? Seria crueldade.

FLORÊNCIA
Ah!

CARLOS
E que a prima não seria também freira, e que se casaria comigo.

FLORÊNCIA
É verdade, Sr. Ambrósio?

AMBRÓSIO
Sim, para que constranger estas duas almas? Nasceram um para o outro; amam-se. É tão bonito ver um tão lindo par!

FLORÊNCIA
Mas, Sr. Ambrósio, e o mundo, que o senhor dizia que era um pélago, um sorvedouro e não sei o que mais?

AMBRÓSIO
Oh, então eu não sabia que estes dois pombinhos se amavam, mas agora que o sei, seria horrível barbaridade. Quando se fecham as portas de um convento sobre um

homem, ou sobre uma mulher que leva dentro do peito uma paixão como ressentem estes dois inocentes, torna-se o convento abismo incomensurável de acerbos males, fonte perene de horríssonas[8] desgraças, perdição do corpo e da alma; e o mundo, se nele ficassem, jardim ameno, suave encanto da vida, tranquila paz da inocência, paraíso terrestre. E assim sendo, mulher, quererias tu que sacrificasse tua filha e teu sobrinho?

FLORÊNCIA
Oh, não, não.

CARLOS, (*à parte*)
Que grande patife!

AMBRÓSIO
Tua filha, que faz parte de ti?

FLORÊNCIA
Não falemos mais nisso. O que fizeste está muito bem feito.

CARLOS
E em reconhecimento de tanta bondade, faço cessão de metade dos meus bens em favor do senhor meu tio e aqui lhe dou a escritura. (*Dá-lhe a certidão de Rosa*)

AMBRÓSIO, (*saltando para tomar a certidão*)
Caro sobrinho! (*Abraça-o*) E eu, para mostrar o meu desinteresse, rasgo esta escritura. (*Rasga, e à parte*) Respiro!

FLORÊNCIA
Homem generoso! (*Abraça-o*)

AMBRÓSIO, (*abraçando-a e à parte*)
Mulher toleirona!

---

[8] Que causa horror ou espanto.

CARLOS, (*abraçando Emília*)
Isto vai de roda...

EMÍLIA
Primo!

CARLOS
Priminha, seremos felizes!

FLORÊNCIA
Abençoada seja a hora em que eu te escolhi para meu esposo! Meus caros filhos, aprendei comigo a guiar-vos com prudência na vida. Dois anos estive viúva e não me faltaram pretendentes. Viúva rica... Ah, são vinte cães a um osso. Mas eu tive juízo e critério; soube distinguir o amante interesseiro do amante sincero. Meu coração falou por este homem honrado e probo.[9]

CARLOS
Acertadíssima escolha!

FLORÊNCIA
Chega-te para cá, Ambrosinho, não te envergonhes; mereces os elogios que te faço.

AMBRÓSIO, (*à parte*)
Estou em brasas...

CARLOS
Não se envergonhe, tio. Os elogios são merecidos. (*À parte*) Está em talas...

FLORÊNCIA
Ouves o que diz o sobrinho? Tens modéstia? É mais uma qualidade. Como sou feliz!

---

[9] Honesto; honrado.

AMBRÓSIO
Acabemos com isso. Os elogios assim à queima-roupa perturbam-me.

FLORÊNCIA
Se os mereces...

AMBRÓSIO
Embora.

CARLOS
Oh, o tio os merece, pois não. Olhe, tia, aposto eu que o tio Ambrósio em toda a sua vida só tem amado a tia...

AMBRÓSIO
Decerto! (*À parte*) Quer fazer-me alguma.

FLORÊNCIA
Ai, vida da minha alma!

AMBRÓSIO, (*à parte*)
O patife é muito capaz...

CARLOS
Mas nós, os homens, somos tão falsos — assim dizem as mulheres —, que não admira que o tio...

AMBRÓSIO, (*interrompendo-o*)
Carlos, tratemos da promessa que te fiz.

CARLOS
É verdade; tratemos da promessa. (*À parte*) Tem medo que se péla!

AMBRÓSIO
Irei hoje mesmo ao convento falar ao D. Abade, e dir-lhe-ei que temos mudado de resolução a teu respeito. E de hoje a quinze dias, senhora, espero ver esta sala brilhantemente iluminada e cheia de alegres convidados para

celebrarem o casamento de nosso sobrinho Carlos com minha cara enteada. (*Aqui entra pelo fundo o mestre de noviços, seguido dos meirinhos e permanentes, encaminhando-se para a frente do teatro*)

CARLOS
Enquanto assim praticardes, tereis em mim um amigo.

EMÍLIA
Senhor, ainda que não possa explicar a razão de tão súbita mudança, aceito a felicidade que me propondes, sem raciocinar. Darei a minha mão a Carlos, não só para obedecer a minha mãe, como porque muito o amo.

CARLOS
Cara priminha, quem será capaz agora de arrancar-me de teus braços?

MESTRE, (*batendo-lhe no ombro*)
Estais preso. (*Espanto dos que estão em cena*)

Cena VI

CARLOS
O que é lá isso? (*Debatendo-se logo que o agarram*)

MESTRE
Levai-o.

CARLOS
Deixem-me!

FLORÊNCIA
Reverendíssimo, meu sobrinho...

MESTRE
Paciência, senhora. Levem-no.

CARLOS, (*debatendo-se*)
Larguem-me, com todos os diabos!

EMÍLIA
Primo!

MESTRE
Arrastem-no.

AMBRÓSIO
Mas, senhor...

MESTRE
Um instante... Para o convento, para o convento.

CARLOS
Minha tia, tio Ambrósio! (*Sai arrastado. Emília cai sentada em uma cadeira; o Padre-Mestre fica em cena*)

Cena VII

(*Ambrósio, Mestre de Noviços, Florência e Emília*)

FLORÊNCIA
Mas senhor, isto é uma violência!

MESTRE
Paciência...

FLORÊNCIA
Paciência, paciência? Creio que tenho tido bastante. Ver assim arrastar meu sobrinho, como se fosse um criminoso?

AMBRÓSIO
Espera, Florência, ouçamos o Reverendíssimo. Foi, sem dúvida, por ordem do Sr. D. Abade que Vossa Reverendíssima veio prender nosso sobrinho?

MESTRE
Não tomara sobre mim tal trabalho, se não fora por expressa ordem do D. Abade, a quem devemos todos obediência. Vá ouvindo como esse moço zombou de seu mestre. Disse-me a tal senhora, pois tal a supunha eu... Ora, fácil foi enganar-me... Além de ter má vista, tenho muito pouca prática de senhoras...

AMBRÓSIO
Sabemos disso.

MESTRE
Disse-me a tal senhora que o noviço Carlos estava naquele quarto.

AMBRÓSIO
Naquele quarto?

MESTRE
Sim senhor, e ali mandou-nos esperar em silêncio. Chamou pelo noviço, e assim que ele saiu lançamo-nos sobre ele e à força o arrastamos para o convento.

AMBRÓSIO, (*assustado*)
Mas a quem, senhor, a quem?

MESTRE
A quem?

FLORÊNCIA
Que trapalhada é essa?

AMBRÓSIO
Depressa!

MESTRE
Cheguei ao convento, apresentei-me diante do D. Abade, com o noviço prisioneiro, e então... Ah!

AMBRÓSIO
Por Deus, mais depressa!

MESTRE
Ainda me coro de vergonha. Então conheci que tinha sido vilmente enganado.

AMBRÓSIO
Mas quem era o noviço preso?

MESTRE
Uma mulher vestida de frade.

FLORÊNCIA
Uma mulher?

AMBRÓSIO, (*à parte*)
É ela!

MESTRE
Que vergonha, que escândalo!

AMBRÓSIO
Mas onde está essa mulher? Para onde foi? O que disse? Onde está? Responda!

MESTRE
Tende paciência. Pintar-vos a confusão em que por alguns instantes esteve o convento é quase impossível. O D. Abade, ao conhecer que o noviço preso era uma mulher, pelos longos cabelos que ao tirar o chapéu lhe caíram sobre os ombros, deu um grito de horror. Toda a comunidade acorreu e grande foi então a confusão. Um gritava: Sacrilégio! Profanação! Outro ria-se; este interrogava; aquele respondia ao acaso... Em menos de dois segundos a notícia percorreu todo o convento, mas alterada e aumentada. No refeitório dizia-se que o diabo estava no coro, dentro dos canados do órgão; na cozinha julgava-se que o fogo lavrava nos quatro ângulos

do edifício; qual, pensava que D. Abade tinha caído da torre abaixo; qual, que fora arrebatado para o céu. Os sineiros, correndo para as torres, puxavam como energúmenos pelas cordas dos sinos; os porteiros fecharam as portas com horrível estrondo: os responsos soaram de todos os lados, e a algazarra dos noviços dominava esse ruído infernal, causado por uma única mulher. Oh, mulheres!

AMBRÓSIO
Vossa Reverendíssima faz o seu dever; estou disso bem certo.

FLORÊNCIA
Mas julgamos necessário declarar a Vossa Reverendíssima que estamos resolvidos a tirar nosso sobrinho do convento.

MESTRE
Nada tenho eu com essa resolução. Vossa Senhoria entender-se-á a esse respeito com o D. Abade.

FLORÊNCIA
O rapaz não tem inclinação nenhuma para frade.

AMBRÓSIO
E seria uma crueldade violentar-lhe o gênio.

MESTRE
O dia em que o Sr. Carlos sair do convento será para mim dia de descanso. Há doze anos que sou mestre de noviços e ainda não tive para doutrinar rapaz mais endiabrado. Não se passa um só dia em que se não tenha de lamentar alguma travessura desse moço. Os noviços, seus companheiros, os irmãos leigos e os domésticos do convento temem-no como se teme a um touro bravo. Com todos moteja e a todos espanca.

FLORÊNCIA
Foi sempre assim, desde pequeno.

MESTRE
E se o conheciam, senhores, para que o obrigaram a entrar no convento, a seguir uma vida em que se requer tranquilidade de gênio?

FLORÊNCIA
Oh, não foi por meu gosto; meu marido é que persuadiu-me.

AMBRÓSIO, (*com hipocrisia*)
Julguei assim fazer um serviço agradável a Deus.

MESTRE
Deus, senhores, não se compraz com sacrifícios alheios. Sirva-o cada um com seu corpo e alma, porque cada um responderá pelas suas obras.

AMBRÓSIO, (*com hipocrisia*)
Pequei, Reverendíssimo, pequei; humilde peço perdão.

MESTRE
Esse moço foi violentamente constrangido e o resultado é a confusão em que está a casa de Deus.

FLORÊNCIA
Mil perdões, Reverendíssimo, pelo incômodo que lhe temos dado.

MESTRE
Incômodos? Para eles nascemos nós... passam despercebidos, e demais, ficam de muros para dentro. Mas hoje houve escândalo, e escândalo público.

AMBRÓSIO
Escândalo público?

FLORÊNCIA
Como assim?

MESTRE
O noviço Carlos, depois de uma contenda com o D. Abade, deu-lhe uma cabeçada e o lançou por terra.

FLORÊNCIA
Jesus, Maria, José!

AMBRÓSIO
Que sacrilégio!

MESTRE
E fugiu ao merecido castigo. Fui mandado em seu alcance... Requisitei força pública, e, aqui chegando, encontrei uma senhora.

FLORÊNCIA
Aqui, uma senhora?

MESTRE
E que se dizia sua tia.

FLORÊNCIA
Ai!

AMBRÓSIO
Era ele mesmo.

FLORÊNCIA
Que confusão, meu Deus!

AMBRÓSIO
Mas essa mulher, essa mulher? O que é feito dela?

MESTRE
Uma hora depois, que tanto foi preciso para acalmar a agitação, o D. Abade perguntou-lhe como ela ali se achava vestida com o hábito da Ordem.

AMBRÓSIO
E ela que disse?

MESTRE
Que tinha sido traída por um frade, que debaixo do pretexto de a salvar, trocara o seu vestido pelo hábito que trazia.

AMBRÓSIO
E nada mais?

MESTRE
Nada mais, e fui encarregado de prender de novo a todo o custo o noviço Carlos. E tenho cumprido a minha missão. O que ordenam a este servo de Deus?

AMBRÓSIO
Espere, Reverendíssimo, essa mulher já saiu do convento?

MESTRE
No convento não se demoram mulheres.

AMBRÓSIO
Que caminho tomou? Para onde foi? O que disse ao sair?

MESTRE
Nada sei...

AMBRÓSIO, (*à parte*)
O que me espera?

FLORÊNCIA, (*à parte*)
Aqui há segredo...

MESTRE
Às vossas determinações...

FLORÊNCIA
Uma serva de Vossa Reverendíssima.

MESTRE, (*para Florência*)
Quanto à saída de seu sobrinho do convento, com o D. Abade se entenderá.

FLORÊNCIA
Nós o procuraremos. (*Mestre sai e Florência acompanha-o até à porta; Ambrósio está como abismado*)

Cena VIII

(*Emília, Ambrósio e Florência*)

EMÍLIA, (*à parte*)
Carlos, Carlos, o que será de ti e de mim?

AMBRÓSIO, (*à parte*)
Se ela agora aparece! Se Florência desconfia... Estou metido em boas! Como evitar, como? Oh, decididamente estou perdido. Se a pudesse encontrar... Talvez súplicas, ameaças, quem sabe? Já não tenho cabeça. Que farei? De uma hora para outra aparece-me ela... (*Florência bate-lhe no ombro*) Ei-la! (*Assustando-se*)

FLORÊNCIA
Agora nós. (*Para Emília*) Menina, vai para dentro. (*Vai-se Emília*)

Cena IX

(*Ambrósio e Florência*)

AMBRÓSIO, (*à parte*)
Temos trovoada grossa...

FLORÊNCIA
Quem era a mulher que estava naquele quarto?

AMBRÓSIO
Não sei.

FLORÊNCIA
Sr. Ambrósio, quem era a mulher que estava naquele quarto?

AMBRÓSIO
Florência, já te disse, não sei. São coisas de Carlos.

FLORÊNCIA
Sr. Ambrósio, quem era a mulher que estava naquele quarto?

AMBRÓSIO
Como queres que eu t'o diga, Florencinha?

FLORÊNCIA
Ah, não sabe? Pois bem, então explique-me: por que razão mostrou-se tão espantado quando Carlos o levou à porta daquele quarto e mostrou-lhe quem estava dentro?

AMBRÓSIO
Pois eu espantei-me?

FLORÊNCIA
A ponto de levar-me quase de rastos para a igreja, sem chapéu, lá deixar-me e voltar para casa apressado.

AMBRÓSIO
Qual! Foi por...

FLORÊNCIA
Não estude uma mentira, diga depressa.

AMBRÓSIO
Pois bem; direi. Eu conheço essa mulher.

FLORÊNCIA
Ah! E então quem é ela?

AMBRÓSIO
Queres saber quem é ela? É muito justo, mas aí que está o segredo.

FLORÊNCIA
Segredos comigo?

AMBRÓSIO
Oh, contigo não pode haver segredo, és a minha mulherzinha. (*Quer abraçá-la*)

FLORÊNCIA
Tenha-se lá; quem era a mulher?

AMBRÓSIO, (*à parte*)
Não sei o que lhe diga...

FLORÊNCIA
Vamos!

AMBRÓSIO
Essa mulher... Sim, essa mulher que há pouco estava naquele quarto, foi amada por mim.

FLORÊNCIA
Por ti?

AMBRÓSIO
Mas nota que digo: foi amada, e o que foi, já não é.

FLORÊNCIA
Seu nome?

AMBRÓSIO
Seu nome? Que importa o nome? O nome é uma voz com que se dão a conhecer as coisas... Nada vale; o indivíduo

é tudo... Tratemos do indivíduo. (*À parte*) Não sei como continuar.

FLORÊNCIA
Então, e que mais?

AMBRÓSIO
Amei a essa mulher. Amei, sim, amei. Essa mulher foi por mim amada, mas então ainda não te conhecia. Oh, e quem ousará criminar a um homem por embelezar-se de uma estrela antes de ver a lua, quem? Ela era a estrela e tu és a lua. Sim, minha Florencinha, tu és a minha lua cheia e eu sou teu satélite.

FLORÊNCIA
Oh, não me convence assim...

AMBRÓSIO, (*à parte*)
O diabo que convença a uma mulher! (*Alto*) Florencinha, encanto da minha vida, estou diante de ti como diante do confessionário, com uma mão sobre o coração e com a outra... Onde queres que ponha a outra?

FLORÊNCIA
Ponha lá aonde quiser...

AMBRÓSIO
Pois bem, com ambas sobre o coração, dir-te-ei: só tu és o meu único amor, minhas delícias, minha vida... (*À parte*) e minha burra!

FLORÊNCIA
Se eu pudesse acreditar!...

AMBRÓSIO
Não podes porque não queres. Basta um bocado de boa vontade. Se fiquei aterrorizado ao ver essa mulher, foi por prever os desgostos que terias, se aí a visses.

FLORÊNCIA
Se teme que eu a veja, é porque ainda a ama.

AMBRÓSIO
Amá-la, eu? Ah, desejava que ela estivesse mais longe de mim do que o cometa que apareceu o ano passado.

FLORÊNCIA
Oh, meu Deus, se eu pudesse crer!

AMBRÓSIO, (*à parte*)
Está meio convencida...

FLORÊNCIA
Se eu o pudesse crer! (*Rosa entra vestida de frade, pelo fundo, para e observa*)

AMBRÓSIO, (*com animação*)
Estes raios brilhantes e aveludados de teus olhos ofuscam o seu olhar acanhado e esgateado. Estes negros e finos cabelos varrem da minha ideia as suas emaranhadas melenas cor de fogo. Esta mãozinha torneada (*pega-lhe na mão*), este colo gentil, esta cintura flexível e delicada fazem-me esquecer os grosseiros encantos dessa mulher que... (*Nesse momento dá com os olhos em Rosa; vai recuando pouco a pouco*)

FLORÊNCIA
O que tens? De que te espantas?

ROSA, (*adiantando-se*)
Senhora, este homem pertence-me!

FLORÊNCIA
E quem é Vossa Reverendíssima?

ROSA, (*tirando o chapéu que faz cair os cabelos*)
Sua primeira mulher.

FLORÊNCIA
Sua primeira mulher?!

ROSA, (*dando-lhe a certidão*)
Leia. (*Para Ambrósio*) Conheceis-me, senhor? Há seis anos que nos não vemos, e quem diria que assim nos encontraríamos? Nobre foi o vosso proceder!... Oh, para que não enviastes um assassino para esgotar o sangue destas veias e arrancar a alma deste corpo? Assim devíeis ter feito, porque então eu não estaria aqui para vingar-me, traidor!

AMBRÓSIO, (*à parte*)
O melhor é deitar a fugir. (*Corre para o fundo. Prevenção*)

ROSA
Não o deixem fugir! (*Aparecem à porta meirinhos, os quais prendem Ambrósio*)

MEIRINHO
Está preso!

AMBRÓSIO
Ai! (*Corre por toda a casa, etc. Enquanto isto se passa, Florência tem lido a certidão*)

FLORÊNCIA
Desgraçada de mim, estou traída! Quem me socorre? (*Vai para sair, encontra-se com Rosa*) Ah, para longe, para longe de mim! (*Recuando*)

ROSA
Senhora, a quem pertencerá ele?
(*Execução*)

Terceiro ato

(Quarto em casa de Florência: mesa, cadeiras, etc., etc., armário, uma cama grande com cortinados, uma mesa pequena com um castiçal com vela acesa. É noite)

Cena I

(Florência, deitada, Emília, sentada junto dela, Juca vestido de calça, brincando com um carrinho pela sala)

FLORÊNCIA
Meu Deus, meu Deus, que bulha faz este menino!

EMÍLIA
Maninho, estais fazendo muita bulha a mamãe...

FLORÊNCIA
Minha cabeça! Vai correr lá para dentro...

EMÍLIA
Anda, vai para dentro, vai para o quintal. *(Juca sai com o carrinho)*

FLORÊNCIA
Parece que me estala a cabeça... são umas marteladas aqui nas fontes. Ai, que não posso! Morro desta!...

EMÍLIA
Minha mãe, não diga isso, seu incômodo passará.

FLORÊNCIA
Passará? Morro, morro... (*Chorando*) Hi... (*Etc.*)

EMÍLIA
Minha mãe!

FLORÊNCIA, (*chorando*)
Ser assim traída, enganada! Meu Deus, quem pode resistir? Hi, hi!

EMÍLIA
Para que tanto se aflige? Que remédio? Ter paciência e resignação.

FLORÊNCIA
Um homem em quem havia posto toda a minha confiança, que eu tanto amava... Emília, eu o amava muito.

EMÍLIA, (*à parte*)
Coitada!

FLORÊNCIA
Enganar-me deste modo! Tão indignamente, casado com outra mulher. Ah, não sei como não arrebento...

EMÍLIA
Tranquilize-se, minha mãe.

FLORÊNCIA
Que eu supunha desinteressado... Entregar-lhe todos os meus bens, assim iludir-me... Que malvado, que malvado!

EMÍLIA
São horas de tomar o remédio. (*Toma uma garrafa de remédio, deita-o em uma xícara e dá a Florência*)

FLORÊNCIA
Como os homens são falsos! Uma mulher não era capaz de cometer ação tão indigna. O que é isso?

EMÍLIA
O cozimento que o doutor receitou.

FLORÊNCIA
Dá cá. (*Bebe*) Ora, de que servem esses remédios? Não fico boa; a ferida é no coração...

EMÍLIA
Há de curar-se.

FLORÊNCIA
Olha, filha, quando eu vi diante de mim essa mulher, senti uma revolução que te não sei explicar... um atordoamento, uma zoada, que há oito dias me tem pregado nesta cama.

EMÍLIA
Eu estava no meu quarto, quando ouvi gritos na sala. Saí apressada e no corredor encontrei-me com meu padrasto.

FLORÊNCIA
Teu padrasto?

EMÍLIA
... que, passando como uma flecha por diante de mim, dirigiu-se para o quintal e, saltando o muro, desapareceu. Corri para a sala...

FLORÊNCIA
E aí encontraste-me banhada em lágrimas. Ela já tinha saído, depois de ameaçar-me. Ah, mas eu hei de ficar boa para vingar-me!

EMÍLIA
Sim, é preciso ficar boa, para vingar-se.

FLORÊNCIA
Hei de ficar. Não vale a pena morrer por um traste daquele!

EMÍLIA
Que dúvida!

FLORÊNCIA
O meu procurador disse-me que o tratante está escondido, mas que já há mandado de prisão contra ele. Deixa estar. Enganar-me, obrigar-me a que te fizesse freira, constranger a inclinação de Carlos...

EMÍLIA
Oh, minha mãe, tenha pena do primo. O que não terá ele sofrido, coitado!

FLORÊNCIA
Já esta manhã mandei falar ao D. Abade por pessoa de consideração, e além disso, tenho uma carta que lhe quero remeter, pedindo-lhe que me faça o obséquio de aqui mandar um frade respeitável para de viva voz tratar comigo este negócio.

EMÍLIA
Sim, minha boa mãezinha.

FLORÊNCIA
Chama o José.

EMÍLIA, (*chamando*)
José? José? E a mamãe julga que o primo poderá estar em casa hoje?

FLORÊNCIA
És muito impaciente... Chama o José.

EMÍLIA
José?

Cena II

(*As mesmas e José*)

JOSÉ
Minha senhora...

FLORÊNCIA
José, leva esta carta ao convento. Onde está o Sr. Carlos, sabes?

JOSÉ
Sei, minha senhora.

FLORÊNCIA
Procura pelo Sr. D. Abade, e lha entrega de minha parte.

JOSÉ
Sim, minha senhora.

EMÍLIA
Depressa! (*Sai José*)

FLORÊNCIA
Ai, ai!

EMÍLIA
Tomara vê-lo já!

FLORÊNCIA
Emília, amanhã lembra-me para pagar as soldadas que devemos ao José e despedi-lo do nosso serviço. Foi metido aqui em casa pelo tratante, e só por esse fato já desconfio dele... Lé com lé, cré com cré... Nada; pode ser algum espião que tenhamos em casa...

EMÍLIA
Ele parece-me bom moço.

FLORÊNCIA
Também o outro parecia-me bom homem. Já não me fio em aparências.

EMÍLIA
Tudo pode ser.

FLORÊNCIA
Vai ver aquilo lá por dentro como anda, que minhas escravas pilhando-me de cama fazem mil diabruras.

EMÍLIA
E fica só?

FLORÊNCIA
Agora estou melhor, e se precisar de alguma coisa, tocarei a campainha. (*Sai Emília*)

Cena III

FLORÊNCIA, (*só*)
Depois que mudei a cama para este quarto que foi do sobrinho Carlos, passo melhor... No meu, todos os objetos faziam-me recordar aquele pérfido. Ora, os homens são capazes de tudo, até de terem duas mulheres... E três, e quatro, e duas dúzias... Que demônios! Há oito dias que estou nesta cama; antes tivesse morrido. E ela, essa mulher infame, onde estará? E outra que tal... Oh, mas que culpa tem ela? Mais tenho eu, já que fui tão tola, tão tola, que casei-me sem indagar quem ele era. Queira Deus que este exemplo aproveite a muitas incautas! Patife, agora anda escondido... Ai, estou cansada... (Deita-se.) Mas não escapará da cadeia... seis anos de cadeia... assim me disse o procurador. Ai, minha cabeça! Se eu pudesse dormir um pouco. Ai, ai, as mulheres neste mundo... estão sujeitas... a... muito... ah! (*Dorme*)

Cena IV

(*Carlos entra pelo fundo, apressado; traz o hábito roto e sujo*)

CARLOS
Não há grades que me prendam, nem muros que me retenham. Arrombei grades, saltei muros e eis-me aqui de novo. E lá deixei parte do hábito, esfolei os joelhos e as mãos. Estou em belo estado! Ora, para que ateimam comigo? Por fim lanço fogo ao convento e morrem todos os frades assados, e depois queixem-se. Estou no meu antigo quarto, ninguém me viu entrar. Ah, que cama é esta? É da tia... Estará.. Ah, é ela... e dorme... Mudou de quarto? O que se terá passado nesta casa há oito dias? Estive preso, incomunicável, a pão e água. Ah, frades! Nada sei. O que será feito da primeira mulher do senhor meu tio, desse grande patife? Onde estará a prima? Como dorme! Ronca que é um regalo! (*Batem palmas*) Batem! Serão eles, não tem dúvida. Eu acabo por matar um frade...

MESTRE, (*dentro*)
Deus esteja nesta casa.

CARLOS
É o Padre-Mestre! Já deram pela minha fugida...

MESTRE, (*dentro*)
Dá licença?

CARLOS
Não sou eu decerto que te hei de dar. Escondamo-nos, mas de modo que ouça o que ele diz... Debaixo da cama... (*Esconde-se*)

MESTRE, (*dentro, batendo com força*)
Dá licença?

FLORÊNCIA, (*acordando*)
Quem é? Quem é?

MESTRE, (*dentro*)
Um servo de Deus.

FLORÊNCIA
Emília? Emília? (*Toca a campainha*)

Cena V

(*Entra Emília*)

EMÍLIA
Minha mãe...

FLORÊNCIA
Lá dentro estão todos surdos? Vai ver quem está na escada batendo. (*Emília sai pelo fundo*) Acordei sobressaltada... Estava sonhando que o meu primeiro marido enforcava o segundo, e era muito bem enforcado...

Cena VI

(*Entra Emília com o Padre-Mestre*)

EMÍLIA
Minha mãe, é o Sr. Padre-Mestre. (*À parte*) Ave de agouro!

FLORÊNCIA
Ah!

MESTRE
Desculpe-me, minha senhora.

FLORÊNCIA
O Padre-Mestre é que me há de desculpar se assim o recebo (*Senta-se na cama*)

MESTRE
Oh, esteja a seu gosto. Já por lá sabe-se dos seus incômodos. Toda a cidade o sabe. Tribulações deste mundo...

FLORÊNCIA
Emília, oferece uma cadeira ao Reverendíssimo.

MESTRE
Sem incômodo. (*Senta-se*)

FLORÊNCIA
O Padre-Mestre veio falar comigo por mandado do Sr. D. Abade?

MESTRE
Não, minha senhora.

FLORÊNCIA
Não? Pois eu lhe escrevi.

MESTRE
Aqui venho pelo mesmo motivo que já vim duas vezes.

FLORÊNCIA
Como assim?

MESTRE
Em procura do noviço Carlos. Ah, que rapaz!

FLORÊNCIA
Pois tornou a fugir?

MESTRE
Se tornou! É indomável! Foi metido no cárcere a pão e água.

EMÍLIA
Desgraçado!

MESTRE
Ah, a menina lastima-o? Já me não admira que ele faça o que faz.

FLORÊNCIA
O Padre-Mestre dizia...

MESTRE
Que estava no cárcere a pão e água, mas o endemoninhado arrombou as grades, saltou na horta, vingou o muro da cerca que deita para a rua e pôs-se a panos.

FLORÊNCIA
Que doido! E para onde foi?

MESTRE
Não sabemos, mas julgamos que para aqui se dirigiu.

FLORÊNCIA
Posso afiançar a Vossa Reverendíssima que por cá ainda não apareceu. (*Carlos bota a cabeça de fora e puxa pelo vestido de Emília*)

EMÍLIA, (*assustando-se*)
Ai!

FLORÊNCIA
O que é, menina?

MESTRE, (*levantando-se*)
O que foi?

EMÍLIA, (*vendo Carlos*)
Não foi nada, não senhora... Um jeito que dei no pé.

FLORÊNCIA
Tem cuidado. Assente-se, Reverendíssimo. Mas como lhe dizia, o meu sobrinho cá não apareceu; desde o dia que o Padre-Mestre o levou preso ainda o não vi. Não sou capaz de faltar à verdade.

MESTRE
Oh, nem tal suponho. E demais, Vossa Senhoria, como boa parenta que é, deve contribuir para a sua correção. Esse moço tem revolucionado todo o convento, e é preciso um castigo exemplar.

FLORÊNCIA
Tem muita razão; mas eu já mandei falar ao Sr. D. Abade para que meu sobrinho saísse do convento.

MESTRE
E o D. Abade está a isso resolvido. Nós todos nos temos empenhado. O Sr. Carlos faz-nos loucos... Sairá do convento; porém antes será castigado.

CARLOS
Veremos...

FLORÊNCIA, (*para Emília*)
O que é?

EMÍLIA
Nada, não senhora.

MESTRE
Não por ele, que estou certo que não se emendará, mas para exemplo dos que lá ficam. Do contrário, todo o convento abalava.

FLORÊNCIA
Como estão resolvidos a despedir meu sobrinho do convento, e o castigo que lhe querem impor é tão-somente

exemplar, e ele precisa um pouco, dou minha palavra a Vossa Reverendíssima que, assim que ele aqui aparecer, mandarei agarrá-lo e levar para o convento.

CARLOS
Isso tem mais que se lhe diga...

MESTRE, (*levantando-se*)
Mil graças, minha senhora.

FLORÊNCIA
Isto mesmo terá a bondade de dizer ao Sr. D. Abade, a cujas orações me recomendo.

MESTRE
Serei fiel cumpridor. Dê-me as suas determinações.

FLORÊNCIA
Emília, conduz o Padre-Mestre.

MESTRE, (*para Emília*)
Minha menina, muito cuidado com o senhor seu primo. Não se fie nele; julgo capaz de tudo. (*Sai*)

EMÍLIA, (*voltando*)
Vá encomendar defuntos!

Cena VII

(*Emília, Florência e Carlos debaixo da cama*)

FLORÊNCIA
Então, que te parece teu primo Carlos? É a terceira fugida que faz. Isto assim não é bonito.

EMÍLIA
E para que o prendem?

FLORÊNCIA
Prendem-no porque ele foge.

EMÍLIA
E ele foge porque o prendem.

FLORÊNCIA
Belo argumento! É mesmo dessa cabeça. (*Carlos puxa pelo vestido de Emília*) Mas o que tens tu?

EMÍLIA
Nada, não senhora.

FLORÊNCIA
Se ele aqui aparecer hoje, há de ter paciência, irá para o convento, ainda que seja amarrado. É preciso quebrar-lhe o gênio. Estás a mexer-te?

EMÍLIA
Não senhora.

FLORÊNCIA
Queira Deus que ele se emende... Mas que tens tu, Emília, tão inquieta?

EMÍLIA
São cócegas na sola dos pés.

FLORÊNCIA
Ah, isso são cãibras. Bate com o pé, assim estás melhor.

EMÍLIA
Vai passando.

FLORÊNCIA
O sobrinho é estouvado, mas nunca te dará os desgostos que me deu o Ambró... nem quero pronunciar o nome. E tu não te aquietas? Bate com o pé.

EMÍLIA, *(afastando-se da cama)*
Não posso estar quieta no mesmo lugar. (*À parte*) Que louco!

FLORÊNCIA
Estou arrependida de ter escrito. (*Entra José*) Quem vem aí?

Cena VIII

(*Os mesmos e José*)

EMÍLIA
É o José.

FLORÊNCIA
Entregaste a carta?

JOSÉ
Sim, minha senhora, e o Sr. D. Abade mandou comigo um reverendíssimo, que ficou na sala à espera.

FLORÊNCIA
Fá-lo entrar. (*Sai o criado*) Emília, vai para dentro. Já que um reverendíssimo teve o incômodo de cá vir, quero aproveitar a ocasião e confessar-me. Posso morrer...

EMÍLIA
Ah!

FLORÊNCIA
Anda, vai para dentro e não te assustes. (*Sai Emília*)

Cena IX

FLORÊNCIA, (*só*)
A ingratidão daquele monstro assassinou-me. Bom é ficar tranquila com a minha consciência.

Cena X

(*Ambrósio, com hábito de frade, entra seguindo José*)

CRIADO
Aqui está a senhora.

AMBRÓSIO, (*à parte*)
Retira-te e fecha a porta. (*Dá-lhe dinheiro*)

CRIADO, (*à parte*)
Que lá se avenham... A paga cá está.

Cena XI

FLORÊNCIA
Vossa Reverendíssima pode aproximar-se. Queira assentar-se. (*Senta-se*)

AMBRÓSIO, (*fingindo que tosse*)
Hum, hum, hum... (*Carlos espreita debaixo da cama*)

FLORÊNCIA
Escrevi para que viesse uma pessoa falar-me e Vossa Reverendíssima quis ter a bondade de vir.

AMBRÓSIO
Hum, hum, hum...

CARLOS, (*à parte*)
O diabo do frade está endefluxado.

FLORÊNCIA
E era para tratarmos do meu sobrinho Carlos, mas já não é preciso. Aqui esteve o Padre-Mestre; sobre isso falamos; está tudo justo, e sem dúvida Vossa Reverendíssima já está informado.

AMBRÓSIO, (*o mesmo*)
Hum, hum, hum...

FLORÊNCIA
Vossa Reverendíssima está constipado; talvez o frio da noite...

AMBRÓSIO, (*disfarçando a voz*)
Sim, sim...

FLORÊNCIA
Muito bem.

CARLOS, (*à parte*)
Não conheci esta voz no convento...

FLORÊNCIA
Mas para que Vossa Reverendíssima não perdesse de todo o seu tempo, se quisesse ter a bondade de ouvir-me em confissão...

AMBRÓSIO
Ah! (*Vai fechar as portas*)

FLORÊNCIA
Que faz, senhor? Fecha a porta? Ninguém nos ouve.

CARLOS, (*à parte*)
O frade tem más tenções...

AMBRÓSIO, (*disfarçando a voz*)
Por cautela.

FLORÊNCIA
Assente-se. (*À parte*) Não gosto muito disto... (*Alto*) Reverendíssimo, antes de principiarmos a confissão, julgo necessário informar-lhe que eu fui casada duas vezes; a primeira, com um santo homem, e a segunda, com um demônio.

AMBRÓSIO
Hum, hum, hum...

FLORÊNCIA
Um homem sem honra e sem fé em Deus, um malvado. Casou-se comigo quando ainda tinha mulher viva! Não é verdade, Reverendíssimo, que esse homem vai direitinho para o inferno?

AMBRÓSIO
Hum, hum, hum...

FLORÊNCIA
Oh, mas enquanto não vai para o inferno, há de pagar nesta vida. Há uma ordem de prisão contra ele e o malvado não ousa aparecer.

AMBRÓSIO, (*levantando-se e tirando o capuz*)
E quem vos disse que ele não ousa aparecer?

FLORÊNCIA, (*fugindo da cama*)
Ah!

CARLOS, (*à parte*)
O senhor meu tio!

AMBRÓSIO
Podeis gritar, as portas estão fechadas. Preciso de dinheiro e muito dinheiro para fugir desta cidade, e dar-mo-eis, senão...

FLORÊNCIA
Deixai-me! Eu chamo por socorro!

AMBRÓSIO
Que me importa? Sou criminoso; serei punido. Pois bem, cometerei outro crime que me pode salvar. Dar-me-eis tudo quanto possuís: dinheiro, joias, tudo! E desgraçada de vós, se não me obedeceis! A morte!...

FLORÊNCIA (*corre por toda a casa, gritando*)
Socorro, socorro! Ladrão, ladrão! Socorro! (*Escuro*)

AMBRÓSIO, (*seguindo-a*)
Silêncio, silêncio, mulher!

CARLOS
O caso está sério! (*Vai saindo debaixo da cama no momento que Florência atira com a mesa no chão. Ouvem-se gritos fora:* Abra, abra! *Florência, achando-se só e no escuro, senta-se no chão, encolhe-se e cobre-se com uma colcha*)

AMBRÓSIO, (*procurando*)
Para onde foi? Nada vejo. Batem nas portas! O que farei?

CARLOS, (*à parte*)
A tia calou-se e ele aqui está.

AMBRÓSIO, (*encontra-se com Carlos e agarra-lhe no hábito*)
Ah, mulher, estais em meu poder. Estas portas não tardarão a ceder; salvai-me, ou mato-te!

CARLOS, (*dando-lhe uma bofetada*)
Tome lá, senhor meu tio!

AMBRÓSIO
Ah! (*Cai no chão*)

CARLOS, (*à parte*)
Outra vez para a concha (*Mete-se debaixo da cama*)

AMBRÓSIO, (*levantando-se*)
Que mão! Continuam a bater. Onde esconder-me? Que escuro! Deste lado vi um armário... Ei-lo! (*Mete-se dentro*)

Cena XII

(*Entram pelo fundo quatro homens armados, Jorge trazendo uma vela acesa. Claro*)

JORGE, (*entrando*)
Vizinha, vizinha, o que é? O que foi? Não vejo ninguém... (*Dá com Florência no canto*) Quem está aqui?

FLORÊNCIA
Ai, ai!

JORGE
Vizinha, somos nós...

EMÍLIA, (*dentro*)
Minha mãe, minha mãe! (*Entra*)

FLORÊNCIA
Ah, é o vizinho Jorge! E estes senhores? (*Levantando-se ajudada por Jorge*)

EMÍLIA
Minha mãe, o que foi?

FLORÊNCIA
Filha!

JORGE
Estava na porta de minha loja, quando ouvi gritar: Socorro, socorro! Conheci a voz da vizinha e acudi com estes quatro amigos.

FLORÊNCIA
Muito obrigado, vizinho; ele já se foi.

JORGE
Ele quem?

FLORÊNCIA
O ladrão.

TODOS
O ladrão!

FLORÊNCIA
Sim, um ladrão vestido de frade, que me queria roubar e assassinar.

EMÍLIA, (*para Florência*)
Minha mãe!

JORGE
Mas ele não teve tempo de sair. Procuremos.

FLORÊNCIA
Espere, vizinho, deixe-me sair primeiro. Se o encontrarem, deem-lhe uma boa arrochada e levem-no preso. (*À parte*) Há de me pagar! Vamos, menina.

EMÍLIA, (*para Florência*)
É Carlos, minha mãe, é o primo!

FLORÊNCIA, (*para Emília*)
Qual o primo! É ele, teu padrasto.

EMÍLIA
É o primo!

FLORÊNCIA
É ele, é ele. Vem. Procurem-no bem, vizinhos, e pau nele. Anda, anda. (*Sai com Emília*)

Cena XIII

JORGE
Amigos, cuidado! Procuremos tudo; o ladrão ainda não saiu daqui. Venham atrás de mim. Assim que ele aparecer, uma boa maçada de pau, e depois pés e mãos amarrados, e guarda do Tesouro com ele... Sigam-me. Aqui não está; vejamos atrás do armário. (*Vê*) Nada. Onde se esconderia? Talvez debaixo da cama. (*Levantando o rodapé*) Oh, cá está ele! (*Dão bordoadas*)

CARLOS, (*gritando*)
Ai, ai, não sou eu, não sou ladrão, ai, ai!

JORGE, (*dando*)
Salta para fora, ladrão, salta! (*Carlos sai para fora, gritando*)
Não sou ladrão, sou de casa!

JORGE
A ele, amigos! (*Perseguem Carlos de bordoadas por toda a cena. Por fim, mete-se atrás do armário e atira com ele no chão. Gritos*: Ladrão!)

Cena XIV

(*Jorge só; depois Florência e Emília*)

JORGE
Eles que o sigam; eu já não posso. O diabo esfolou-me a canela com o armário. (*Batendo na porta*) Ó vizinha, vizinha?

FLORÊNCIA, (*entrando*)
Então, vizinho?

JORGE
Estava escondido debaixo da cama.

EMÍLIA
Não lhe disse?

JORGE
Demos-lhe uma boa massada de pau e fugiu por aquela porta, mas os amigos foram-lhe no alcance.

FLORÊNCIA
Muito obrigada, vizinho, Deus lhe pague.

JORGE
Estimo que a vizinha não tivesse maior incomodo.

FLORÊNCIA
Obrigada. Deus lhe pague, Deus lhe pague.

JORGE
Boa noite, vizinha; mande levantar o armário que caiu.

FLORÊNCIA
Sim senhor. Boa noite. (*Sai Jorge*)

Cena XV

(*Florência e Emília*)

FLORÊNCIA
Pagou-me!

EMÍLIA, (*chorando*)
Então, minha mãe, não lhe disse que era o primo Carlos?

FLORÊNCIA
E continuas a teimar?

EMÍLIA
Se eu o vi atrás da cama!

FLORÊNCIA
Ai, pior, era teu padrasto.

EMÍLIA
Se eu o vi!

FLORÊNCIA
Se eu lhe falei!... É boa teima!

Cena XVI

JUCA, (*entrando*)
Mamãe, aquela mulher do papá quer-lhe falar.

FLORÊNCIA
O que quer essa mulher comigo, o que quer? (*Resoluta*) Diga que entre. (*Sai Juca*)

EMÍLIA
A mamãe vai afligir-se no estado em que está?

FLORÊNCIA
Bota aqui duas cadeiras. Ela não tem culpa. (*Emília chega uma cadeira. Florência, sentando-se*) Vejamos o que quer. Chega mais esta cadeira para aqui. Bem, vai para dentro.

EMÍLIA
Mas, se...

FLORÊNCIA
Anda; uma menina não deve ouvir a conversa que vamos ter. Farei tudo para persegui-lo! (*Emília sai*)

Cena XVII

(Entra Rosa. Já vem de vestido)

ROSA
Dá licença?

FLORÊNCIA
Pode entrar. Queira ter a bondade de sentar-se. (*Senta-se*)

ROSA
Minha senhora, a nossa posição é bem extraordinária...

FLORÊNCIA
E desagradável no último ponto.

ROSA
Ambas casadas com o mesmo homem...

FLORÊNCIA
E ambas com igual direito.

ROSA
Perdoe-me, minha senhora, nossos direitos não são iguais, sendo eu a primeira mulher...

FLORÊNCIA
Oh, não falo desse direito, não o contesto. Direito de persegui-lo, quero eu dizer.

ROSA
Nisso estou de acordo.

FLORÊNCIA
Fui vilmente atraiçoada...

ROSA
E eu indignamente insultada...

FLORÊNCIA
Atormentei meus filhos...

ROSA
Contribuí para a morte de minha mãe...

FLORÊNCIA
Estragou grande parte de minha fortuna.

ROSA
Roubou-me todos os meus bens...

FLORÊNCIA
Oh, mas hei de vingar-me!

ROSA, (*levantando-se*)
Havemos de vingarmo-nos, senhora, e para isso aqui me acho.

FLORÊNCIA, (*levantando-se*)
Explique-se.

ROSA
Ambas fomos traídas pelo mesmo homem, ambas servimos de degrau à sua ambição. E porventura somos disso culpadas?

FLORÊNCIA
Não.

ROSA
Quando lhe dei eu a minha mão, poderia prever que ele seria um traidor? E vós, senhora, quando lhe destes a vossa, que vos uníeis a um infame?

FLORÊNCIA
Oh, não!

ROSA
E nós, suas desgraçadas vítimas, nos odiaremos mutuamente, em vez de ligarmo-nos, para de comum acordo perseguirmos o traidor?

FLORÊNCIA
Senhora, nem eu, nem vós temos culpa do que se tem passado. Quisera viver longe de vós; vossa presença aviva meus desgostos, porém farei um esforço — aceito o vosso oferecimento — unamo-nos e mostraremos ao monstro o que podem duas fracas mulheres quando se querem vingar.

ROSA
Eu contava convosco.

FLORÊNCIA
Agradeço a vossa confiança.

ROSA
Sou provinciana, não possuo talvez a polidez da Corte, mas tenho paixões violentas e resoluções prontas. Aqui trago uma ordem de prisão contra o pérfido, mas ele se esconde. Os oficiais de justiça andam em sua procura.

FLORÊNCIA
Aqui esteve há pouco.

ROSA
Quem?

FLORÊNCIA
O traidor.

ROSA
Aqui? Em vossa casa? E não vos assegurastes dele?

FLORÊNCIA
E como?

ROSA
Ah, se eu aqui estivesse...

FLORÊNCIA
Fugiu, mas levou uma maçada de pau.

ROSA
E onde estará ele agora, onde?

AMBRÓSIO (*arrebenta uma tábua do armário, põe a cabeça de fora*)
Ai, que abafo!

FLORÊNCIA [e] ROSA, (*assustadas*)
É ele!

AMBRÓSIO, (*com a cabeça de fora*)
Oh, diabo, cá estão elas!

FLORÊNCIA
É ele! Como te achas aí?

ROSA
Estava espreitando-nos!

AMBRÓSIO
Qual espreitando! Tenham a bondade de levantar este armário.

FLORÊNCIA
Para quê?

AMBRÓSIO
Quero sair... Já não posso... Abafo, morro!

ROSA
Ah, não podes sair? Melhor.

AMBRÓSIO
Melhor?

ROSA
Sim, melhor, porque estás em nosso poder.

FLORÊNCIA
Sabes que estávamos ajustando o meio de nos vingarmos de ti, maroto?

ROSA
E tu mesmo te entregaste... Mas como?..

FLORÊNCIA
Agora já adivinho. Bem dizia Emília; foi Carlos quem levou as bordoadas. Ah, patife, mais essa!

ROSA
Pagará tudo por junto.

AMBRÓSIO
Mulheres, vejam lá o que fazem!

FLORÊNCIA
Não me metes medo, grandíssimo mariola!

ROSA
Sabes que papel é este? É uma ordem de prisão contra ti que vai ser executada. Foge agora!

AMBRÓSIO
Minha Rosinha, tira-me daqui!

FLORÊNCIA
O que é lá?

AMBRÓSIO
Florencinha, tem compaixão de mim!

ROSA
Ainda falas, patife?

AMBRÓSIO
Ai, que grito! Ai, ai!

FLORÊNCIA
Podes gritar. Espera um bocado. (*Sai*)

ROSA
A justiça de Deus te castiga.

AMBRÓSIO
Escuta-me, Rosinha, enquanto aquele diabo está lá dentro: tu és a minha cara mulher; tira-me daqui que eu te prometo...

ROSA
Promessas tuas? Queres que eu acredite nelas? (*Entra Florência trazendo um pau de vassoura*)

AMBRÓSIO
Mas eu juro que desta vez...

ROSA
Juras? E tu tens fé em Deus para jurares?

AMBRÓSIO
Rosinha de minha vida, olha que...

FLORÊNCIA (*levanta o pau e dá-lhe na cabeça*)
Toma, maroto!

AMBRÓSIO, (*escondendo a cabeça*)
Ai!

ROSA, (*rindo-se*)
Ah, ah, ah!

FLORÊNCIA
Ah, pensavas que o caso havia de ficar assim? Anda, bota a cabeça de fora!

AMBRÓSIO (*principia a gritar*)
Ai! (*Etc.*)

ROSA (*procura pela casa um pau*)
Não acho também um pau...

FLORÊNCIA
Grita, grita, que eu já chorei muito. Mas agora hei de arrebentar-te esta cabeça. Bota essa cara sem-vergonha de fora!

ROSA (*tira o travesseiro da cama*)
Isto serve?

FLORÊNCIA
Patife! Homem desalmado!

ROSA
Zombaste, agora pagarás.

AMBRÓSIO, (*botando a cabeça de fora*)
Ai, que morro! (*Dão-lhe*)

ROSA
Toma lá!

AMBRÓSIO, (*escondendo a cabeça*)
Diabos!

ROSA
Chegou nossa vez.

FLORÊNCIA
Verás como se vingam duas mulheres...

ROSA
Traídas...

FLORÊNCIA
Enganadas...

ROSA
Por um tratante...

FLORÊNCIA
Digno da forca.

ROSA
Anda, bota a cabeça de fora!

FLORÊNCIA
Pensavas que havíamos de chorar sempre?

AMBRÓSIO, (*bota a cabeça de fora*)
Já não posso! (*Dão-lhe*) Ai, que me matam! (*Esconde-se*)

ROSA
É para teu ensino.

FLORÊNCIA, (*fazendo sinais para Rosa*)
Está bom, basta, deixá-lo. Vamos chamar os oficiais de justiça.

ROSA
Nada! Primeiro hei de lhe arrebentar a cabeça. Bota a cabeça de fora. Não queres?

FLORÊNCIA, (*fazendo sinais*)
Não, minha amiga, por nossas mãos já nos vingamos. Agora, a Justiça.

ROSA
Pois vamos. Um instantinho, meu olho, já voltamos.

FLORÊNCIA
Se quiser, pode sair e passear. Podemos sair, que ele não foge. (*Colocam-se juntas do armário, silenciosas*)

AMBRÓSIO, (*botando a cabeça de fora*)
As fúrias já se foram. Escangalharam-me a cabeça! Se eu pudesse fugir... (*Florência* [e] *Rosa dão-lhe*)

FLORÊNCIA
Por que não foges?

ROSA
Pode muito bem.

AMBRÓSIO
Demônios! (*Esconde-se*)

FLORÊNCIA
Só assim teria vontade de rir. Ah, ah!

ROSA
Há seis anos que me não rio de tão boa vontade!

FLORÊNCIA
Então, maridinho?

ROSA
Vidinha, não queres ver tua mulher?

AMBRÓSIO, (*dentro*)
Demônios, fúrias, centopeias! Diabos! Corujas! Ai, ai! (*Gritando sempre*)

Cena XVIII

(*Os mesmos e Emília*)

EMÍLIA, (*entrando*)
O que é? Riem-se?

FLORÊNCIA
Vem cá, menina, vem ver como se deve ensinar aos homens.

Cena XIX

(*Entra Carlos preso por soldados, etc., seguido de Jorge*)

JORGE, (*entrando adiante*)
Vizinha, o ladrão foi apanhado.

CARLOS, (*entre os soldados*)
Tia!

FLORÊNCIA
Carlos!

EMÍLIA
O primo! (*Ambrósio bota a cabeça de fora e espia*)

JORGE
É o ladrão.

FLORÊNCIA
Vizinho, este é meu sobrinho Carlos.

JORGE
Seu sobrinho? Pois foi quem levou a coça.

CARLOS
Ainda cá sinto...

FLORÊNCIA
Coitado! Foi um engano, vizinho.

JORGE, (*para os meirinhos*)
Podem largá-lo.

CARLOS
Obrigado. Priminha! (*Indo para ela*)

EMÍLIA
Pobre primo!

FLORÊNCIA, (*para Jorge*)
Nós já sabemos como foi o engano, neste armário; depois lhe explicarei. (*Ambrósio esconde-se*)

JORGE, (*para os soldados*)
Sinto o trabalho que tiveram... E como não é mais preciso, podem-se retirar.

ROSA
Queiram ter a bondade de esperar. Senhores oficiais de justiça, aqui lhes apresento este mandado de prisão, lavrado contra um homem que se oculta dentro daquele armário.

TODOS
Naquele armário!

MEIRINHO, (*que tem lido o mandado*)
O mandado está em forma.

ROSA
Tenham a bondade de levantar o armário. (*Os oficiais de justiça e os quatro homens levantam o armário*)

FLORÊNCIA
Abram. (*Ambrósio sai muito pálido, depois de abrirem o armário*)

CARLOS
O senhor meu tio!

EMÍLIA
Meu padrasto!

JORGE
O Sr. Ambrósio!

MEIRINHO
Estais preso.

ROSA
Levai-o.

FLORÊNCIA
Para a cadeia.

AMBRÓSIO
Um momento. Estou preso, vou passar seis anos na cadeia... Exultai, senhoras. Eu me deveria lembrar, antes de me casar com duas mulheres, que basta só uma para fazer o homem desgraçado. O que diremos de duas? Reduzem-no ao estado em que me vejo. Mas não sairei daqui sem ao menos vingar-me em alguém (*Para os meirinhos*) Senhores, aquele moço fugiu do convento depois de assassinar um frade.

CARLOS
O que é lá isso? (*Mestre de Noviços entra pelo fundo*)

AMBRÓSIO
Senhores, denuncio-vos um criminoso.

MEIRINHO
É verdade que tenho aqui uma ordem contra um noviço...

MESTRE
...Que já de nada vale. (*Prevenção*)

TODOS
O Padre-Mestre!

MESTRE, (*para Carlos*)
Carlos, o D. Abade julgou mais prudente que lá não voltasses. Aqui tens a permissão por ele assinada para saíres do convento.

CARLOS, (*abraçando-o*)
Meu bom Padre-Mestre, este ato reconcilia-me com os frades.

MESTRE
E vós, senhoras, esperai da justiça dos homens o castigo deste malvado. (*Para Carlos e Emília*) E vós, meus filhos, sede felizes, que eu pedirei para todos (*ao público*) indulgência!

AMBRÓSIO
Oh, mulheres, mulheres! (*Execução*)

Fim

Guia de leitura

O Romantismo de Martins Pena

Cristina Garófalo Porini[1]

O Romantismo nasceu na Europa, como a representação dos ideais burgueses de arte (iniciado em 1790, na Alemanha e na Inglaterra; em 1825, na França e em Portugal; e, finalmente, em 1836, no Brasil). Com a Revolução Francesa, ocorrida em 1789, essa classe social passou a deter não apenas o poder econômico como também o político, e a substituição de parâmetros artísticos foi uma das maneiras de legitimar seu domínio e encerrar definitivamente os ideais clássicos em diversos aspectos. Em consequência, defendendo a Igualdade, a Fraternidade e a Liberdade, o nacionalismo tornou-se um elemento essencial para a elite de cada país incentivar a própria identidade — principalmente aqueles recém-independentes, como o Brasil.

Dessa maneira, o Romantismo chegou ao Brasil bastante vinculado à ideia de validar, reconhecer o que era tipicamente local. No campo político, Dom Pedro II, ciente de que a manutenção da unidade territorial dependia também de elementos culturais, apoiou a criação do Instituto Histórico e Geográfico Brasileiro, em 1838 — entidade responsável por pesquisar, escrever e descrever a geografia, a história e a cultura brasileira. O monarca não foi patrono apenas

---

[1] Graduada em Letras pela Universidade de São Paulo e em Relações Públicas pela Faculdade de Comunicação Social Cásper Líbero, professora de Língua Portuguesa, Literatura e Redação para o ensino médio na rede particular de ensino e em cursos pré--vestibulares, redatora e revisora de textos.

de tal instituição; Dom Pedro II era um grande mecenas, chegando a receber poetas e escritores românticos no Paço, onde realizava reuniões periódicas para discussões literárias e leitura de obras.

O Rio de Janeiro, com tal incentivo, fervilhava: a chegada da Família Real, em 1808, foi apenas o início de profundas transformações. O Romantismo e a Independência impulsionaram a criação de teatros, cafés e livrarias, assim como a publicação de periódicos. Tais folhetins traziam histórias cujos capítulos eram apresentados diariamente, sendo comprados pela crescente classe média: os moços entretinham-se com as aventuras de "capa e espada"; as moças, agora alfabetizadas, preferiam os enredos permeados por casos de amor impossível — e muitas vezes organizavam-se saraus e reuniões para a leitura dessas obras. Assim, o Brasil conheceu autores estrangeiros, como Alexandre Dumas (1802–1870, escritor francês) e seu *O Conde de Monte Cristo*, Charles Dickens (1812–1870, escritor inglês) e seu *Oliver Twist* — em tradução de Machado de Assis, e o prolífero Camilo Castelo Branco (1825–1890, escritor português) e, dentre inúmeras outras obras, seu *Amor de perdição*. A literatura nacional também se movimentou, inclusive pela demanda de que fossem redigidos capítulos diários de diversas obras; esse foi o caso de Joaquim Manuel de Macedo (1820–1882), com *A moreninha*, Manuel Antônio de Almeida (1831–1861) em *Memórias de um sargento de milícias* e José de Alencar (1829–1877).

Similarmente, a poesia tornou-se mais presente no cotidiano dos brasileiros — e as próprias características do Romantismo incentivaram sua frutífera produção: a essencial presença da subjetividade foi um verdadeiro convite para que os jovens tomassem coragem e expressassem a dor de viver por um amor inatingível — como o consagrado Machado de Assis chegou a mencionar na Gazeta de Notícias, em 1899, a respeito desse momento, "Nem só éramos moços, éramos ainda românticos".[2] Assim, em primeiro momento o Rio de

---

[2] ASSIS, Machado de. *Garrett* in Gazeta de Notícias, 1899.

Janeiro e, em seguida, as demais capitais foram tomadas por uma onda de poetas que, no período compreendido entre 1836, com a publicação de *Suspiros poéticos e saudades*, de Gonçalves de Magalhães (1811–1882), e 1881, quando Machado de Assis publicou *Memórias póstumas de Brás Cubas*, eles fizeram-se amplamente presentes no cenário social, seja exaltando a própria nação, o próprio ego ou, finalmente, dando viés nacionalista à literatura local.

Didaticamente, a poesia romântica foi dividida em três fases (ou gerações). A primeira geração, extremamente influenciada pela escrita nacionalista do escritor francês Victor Hugo, contemplava a necessidade que o governo tinha, naquele momento, de manter a unidade territorial de uma nação recentemente independente. Gonçalves de Magalhães e, principalmente, Gonçalves Dias (1823–1864), foram os responsáveis por consagrar uma série de símbolos nacionais: os versos de *Canção do exílio*, de Gonçalves Dias, exaltando a natureza exuberante e a saudade da pátria, ainda hoje não só são declamados como também revisitados pelos mais diferentes autores dos mais diversos períodos literários.

Já nas décadas de 1850 e 1860, o Romantismo brasileiro apresentou temática diferente. Os poetas dessa geração, em geral estudantes universitários de São Paulo e do Rio de Janeiro, sentiam-se desvinculados de ideais patrióticos ou nacionalistas da primeira fase, e esse posicionamento marcou uma nova safra de escritores: formava-se a segunda geração romântica, também conhecida como ultrarromântica. O sentimento de inadaptação ao mundo em que viviam era refletido em duas ações: no campo pessoal, eram boêmios, apaixonados e leitores ávidos de românticos europeus, como Lord Byron (1788–1824; fonte de influência devido à sua poesia pessimista e rebelde), inspiração para eles; no campo literário, escreviam poemas em que se demonstrava essa postura de indiferença ao mundo: entediados, voltavam a si mesmos, exageravam no tom em relação aos próprios sentimentos e buscavam uma via de escapar, seja por meio de devaneios, bebida ou morte. Essa foi a geração responsável pela poesia maldita, com o satanismo ganhando espaço nas Letras, destacando nomes como Álvares de Azevedo (1831–1852), Casimiro de Abreu (1839–1860) e Fagundes Varela (1841–1875).

Porém, a publicação de *Os Miseráveis*, do francês Victor-Marie Hugo (1802–1885), em 1862, despertou os poetas brasileiros das décadas de 1860 e 1870 para a causa social, apesar de os dois primeiros eixos temáticos do Romantismo permanecerem em voga. O Brasil vivia um momento crítico: a Guerra do Paraguai, com duração de cinco anos, consumia os cofres públicos, deixando a Monarquia em situação preocupante; a Guerra de Secessão, apesar de ocorrida nos Estados Unidos, entre 1861 e 1865, mostrava que a escravidão não encontrava espaço em um momento de expansão mundial da Revolução Industrial — fato que também enfraqueceu D. Pedro II. Dessa maneira, a terceira geração romântica, apesar de não encontrar muitos adeptos no Brasil, se fez presente principalmente na poesia de Castro Alves (1847–1871): também conhecida como condoreira (remetendo ao condor, ave com grande capacidade visual), ela se tornou porta-voz dos problemas sociais vivenciados no final do século XIX.

Já em relação aos romances, tal publicação se estendeu durante todo o período conhecido como romântico. Afastando-se da classificação didaticamente empregada para o estudo da poesia, percebem-se eixos temáticos, como os romances urbanos, regionais e históricos. Certamente a obra de José de Alencar, ao lado de Joaquim Manuel de Macedo e de Antônio Manuel de Almeida, nomes constantes nos folhetins, configura um rico exemplo da produção em prosa nesse período.

Ao lado da literatura, o teatro é outra produção artística que também alcança bastante destaque nesse Brasil recém- independente. Em uma nação que se construía, os palcos também perceberam a mudança vivida pela sociedade local: até então, os moldes europeus eram simplesmente reproduzidos aqui, com atores que praticamente declamavam as obras vindas do Velho Continente. Porém, em 1838, Gonçalves de Magalhães escreveu *O poeta e a Inquisição*, o primeiro passo para que a nacionalidade, a defesa do tipicamente brasileiro, tomasse conta das produções teatrais. O auge foi atingido por volta da metade da década de 1850, exatamente quando o Império alcançava seu apogeu. A vida urbana ganha vulto e cenas brasileiras ganham espaço nos palcos, ao lado de consagrados textos europeus, como *A dama das camélias*.

Nesse contexto, Martins Pena destaca-se como o responsável por introduzir no Brasil as comédias de costumes — textos que contemplam o cotidiano, satirizando sutilmente a sociedade. Sua obra é formada prioritariamente por essa qualidade de texto, apesar de ter escrito também alguns dramas, porém sem alcançar a qualidade dos primeiros; ao todo, foram cerca de 30 peças redigidas ao longo de pouco mais de uma década.

A grande característica de Martins Pena está na inovação ao abordar o país. Apesar de ter vivido no auge do Romantismo, a idealização defendida pelos preceitos românticos não esteve presente em suas peças teatrais — ao contrário, a comédia abordava aquela parcela da sociedade afastada da elite: seus tipos sociais eram o Brasil visto no dia a dia, a linguagem das personagens em seus ricos diálogos era a que se escutava ao caminhar pelas ruas.

A crítica especializada aponta a falta de profundidade em relação ao conteúdo das peças de Martins Pena, porém estas eram um verdadeiro sucesso de público. Ele mesmo sentia receio da inovação que propunha: em 04 de outubro de 1838, a peça *O juiz de paz da roça* foi encenada no Teatro de São Pedro, Rio de Janeiro, sem ao menos ter a autoria apresentada; naquela época, o público encaminhava-se ao teatro para ver diversas apresentações em uma só noite, e as comédias eram representadas no intervalo entre as principais atrações. Mesmo assim, *O juiz de paz da roça* foi um verdadeiro sucesso, o que é de se contemplar, uma vez que o comportamento do público, até então, admitia insultos diretos, inclusive com arremesso de ovos e tomates aos atores no palco.

Sobre Martins Pena

Luís Carlos Martins Pena nasceu em 05 de novembro de 1815, no Rio de Janeiro. De origem bastante humilde, ficou órfão de pai com cerca de um ano e, de mãe, aos 10 anos de idade. Seu padrasto encarregou tutores por sua educação, direcionando-o ao curso de Comércio. Após esse momento, estudou na Academia Imperial das Belas Artes, época em que *O juiz de paz da roça* foi encenada.

Profissionalmente, direcionou sua carreira para os Negócios Estrangeiros, tornando-se adido brasileiro em Londres. Enquanto isso, escrevia as peças teatrais, retratando o Brasil do dia-a-dia. Dentre elas, destacam-se *O juiz de paz da roça, O judas no sábado de aleluia, As desgraças de uma criança, Quem casa, quer casa, O noviço*, além de *Os dois ou O inglês maquinista*.

Também em Londres, a tuberculose foi diagnosticada. Martins Pena faleceu em Lisboa, em 1848.

Questionário[3]

Sobre *O juiz de paz da roça* (Comédia em um ato)

1. Entre as cenas I e VII, a família de um humilde lavrador é caracterizada. Por que os pais de Aninha se preocupam com a garota? E quais são as preocupações dela? Quais críticas aos costumes sociais podem ser notadas em tais passagens?

2. A cena XXI traz uma audaciosa crítica a uma instituição consagrada da sociedade. Justifique tal afirmação.

---

[3] Sugere-se ao professor, ao utilizar alguma das questões em atividades, que trechos mais específicos do enredo sejam indicados aos alunos, a fim de lhes orientar a resolução dos exercícios.

3. A grande confraternização verificada na última cena indica alguns apontamentos em relação às comédias de costume, como a inverossimilhança. Justifique.

Sobre *Quem casa quer casa (provérbio em um ato)*

4. Na cena II, Fabiana afirma sobre a própria casa: "Que casa de Orates é esta minha (...)", o que será reiterado nas cenas V e XXII. De acordo com o contexto, de que modo essa colocação pode ser interpretada?

5. O que é um provérbio? Qual é seu uso em tal peça?

6. De que modo a Igreja se faz presente nesta peça?

Sobre *O noviço*

7. Na cena VII do Ato I, Emília afirma estranhar o comportamento de seu primo, Carlos, uma vez que este se apresenta falando bastante. Em que medida essa fala do noviço pode ser associada à comédia de costumes?

8. Ambrósio pode ser caracterizado como um tipo social? Justifique sua resposta com elementos do texto.

9. É igualmente típico na comédia de costumes uma cena de confusão, com o intuito de ocasionar riso. No Ato III, qual passagem pode ser apontada com tal intuito?

10. De que modo a Igreja é caracterizada nesta peça?

Questões de vestibular

1. (UFRGS – 2007) Assinale a alternativa que completa corretamente o enunciado a seguir.

A obra de Martins Pena, um dos mais autênticos e originais escritores românticos,
a) apresenta, sobretudo no drama, recursos cênicos sofisticados e inovadores, adequados às exigências do público do século XIX.
b) traduz-se, em alguns casos, como sátira aos costumes rurais, utilizando-se de tipos rústicos, oriundos do interior paulista.
c) traduz, nas comédias urbanas, toda a complexidade social e humana das elites republicanas.
d) tem como tema dominante, tanto na comédia urbana quanto na rural, o amor contrariado.
e) imprime, à comédia nacional, assuntos, tipos, expressão e caráter herdados da comédia francesa.

2. (UFG – 2001) Martins Pena foi o fundador da comédia de costumes do teatro brasileiro, da qual faz parte a peça *O noviço*. Nessa obra, pode-se encontrar

(   ) o predomínio da caricatura na concepção das personagens, baseada na exploração de tipos sociais facilmente identificados, o que leva ao efeito cômico desejado.
(   ) o Brasil Colonial como pano de fundo histórico-social, época em que a influência jesuítica foi decisiva na política, na economia e principalmente na educação dos jovens, direcionando-os para a vida religiosa.
(   ) a utilização de recursos dramáticos considerados primários, como o esconderijo, o disfarce e o erro de identificação, demonstrando a ingenuidade e a simplicidade que permeiam a edificação da trama.

( ) uma vinculação nítida com o contexto romântico, uma vez que a resolução dos conflitos se encaminha para o final feliz e a consequente realização amorosa dos dois jovens e, ainda, a punição do vilão, recursos ostensivamente colhidos nos romances de folhetim da época.

3. (UFRN – 2000) O elemento cômico, no teatro de Martins Pena, desenvolve-se através da exploração das distorções sociais do início do Império. Em *O juiz de paz da roça*, os efeitos de comicidade se revelam, fundamentalmente, através do(a)

a) comportamento informal do juiz como autoridade representante da sociedade escravocrata.
b) contradição entre os valores tradicionais e a realidade dos personagens.
c) diferença entre os costumes refinados da Corte e a simplicidade das famílias do meio rural.
d) julgamento moral das atitudes dos personagens na luta pela sobrevivência.

4. (Uflavras – 2000) Relacione características e personagens de *O noviço*, de Martins Pena.

1. Juca
2. Rosa
3. José
4. Florência
5. Ambrósio

( ) o vilão ambicioso e sem escrúpulos.
( ) a viúva alegre, rica e assanhada.
( ) a esposa abandonada.
( ) o criado venal.
( ) a criança inocente e manipulada.

A relação CORRETA está na alternativa
a) 5, 4, 2, 3, 1.
b) 5, 2, 1, 3, 4.

c) 5, 3, 2, 1, 4.
d) 5, 4, 3, 2, 1.
e) 1, 2, 3, 4, 5.

5. (Uflavras – 2000) Especificamente sobre *O noviço*, de Martins Pena, assinale a alternativa que contém a(s) afirmação(ões) CORRETA(S):

I. "O escritor fotografa o seu meio com uma espontaneidade de pasmar, e essa espontaneidade, essa facilidade, quase inconsciente e orgânica, é o maior elogio de seu talento.
Se se perdessem todas as leis, escritos, memórias da história brasileira dos primeiros cinquenta anos deste século XIX e nos ficassem somente as comédias de Pena, era possível reconstruir com elas a fisionomia moral de toda essa época."
(Silvio Romero)

II. "Nas comédias de Martins Pena não existem a poesia da natureza, o vago, o sonho, as fugas para o ideal, que os próprios cômicos gregos não deixavam de mesclar às suas bufonerias. Não há no autor fluminense a poesia de Aristófanes nem as máximas morais de Menandro; existe, em compensação, o intenso realismo dos observadores modernos."
(Silvio Romero)

III. "O título básico de Martins Pena era fazer rir pela insistência na marcação de tipos roceiros e provincianos em contato com a Corte. O tom passa do cômico ao bufo, e a representação pode virar farsa a qualquer momento: o labrego de Minas ou o fazendeirão paulista seriam fonte de riso fácil para o público fluminense, e o nosso autor não perde vaza para explorar-lhes a linguagem, as vestes, as abusões."
(Alfredo Bosi)

a) Apenas a afirmativa I é correta.
b) Apenas a afirmação II é correta.
c) Apenas a afirmação III é correta.
d) Apenas as afirmações I e II são corretas.
e) Apenas as afirmações II e III são corretas.

6. (UFRGS – 1996) Assinale a alternativa que se refere a Martins Pena.

a) A *Escrava Isaura* é uma narrativa antiescravagista que, ao mesmo tempo, retrata aspectos pitorescos do modo de vida rural.

b) Em peças como *Quem casa, quer casa* e *O juiz de paz da roça*, o autor descreve com humor e ironia o convívio de tipos rurais com a sociedade urbana do Rio de Janeiro no século XIX.

c) O romance *Iracema* pertence à vertente histórico-indianista do Romantismo brasileiro, no qual o autor idealiza tanto a figura indígena quanto o período colonial.

d) Com *A moreninha*, o autor inaugura o romance romântico no Brasil, seguindo os padrões literários europeus na criação do enredo e dos personagens e retratando de forma amena a burguesia carioca.

e) O personagem Leonardo, de *Memórias de um sargento de milícias*, é o anti-herói desta narrativa de costumes que retrata, com tintas realistas, as classes populares do Rio de Janeiro no início do século XIX.

Gabarito:

1. d
2. V F V V
3. b
4. a
5. d
6. b

O objetivo, a filosofia e a missão da Editora Martin Claret

O principal objetivo da Martin Claret é contribuir para a difusão da educação e da cultura, por meio da democratização do livro, usando os canais de comercialização habituais, além de criar novos.

A filosofia de trabalho da Martin Claret consiste em produzir livros de qualidade a um preço acessível, para que possam ser apreciados pelo maior número possível de leitores.

A missão da Martin Claret é conscientizar e motivar as pessoas a desenvolver e utilizar o seu pleno potencial espiritual, mental, emocional e social.

O livro muda as pessoas. Revolucione-se: leia mais para ser mais!

MARTIN CLARET

Relação dos Volumes Publicados

1. Dom Casmurro — Machado de Assis
2. O Príncipe — Maquiavel
3. Mensagem — Fernando Pessoa
4. O Lobo do Mar — Jack London
5. A Arte da Prudência — Baltasar Gracián
6. Iracema / Cinco Minutos — José de Alencar
7. Inocência — Visconde de Taunay
8. A Mulher de 30 Anos — Honoré de Balzac
9. A Moreninha — Joaquim Manuel de Macedo
10. A Escrava Isaura — Bernardo Guimarães
11. As Viagens - "Il Milione" — Marco Polo
12. O Retrato de Dorian Gray — Oscar Wilde
13. A Volta ao Mundo em 80 Dias — Júlio Verne
14. A Carne — Júlio Ribeiro
15. Amor de Perdição — Camilo Castelo Branco
16. Sonetos — Luís de Camões
17. O Guarani — José de Alencar
18. Memórias Póstumas de Brás Cubas — Machado de Assis
19. Lira dos Vinte Anos — Álvares de Azevedo
20. Apologia de Sócrates / Banquete — Platão
21. A Metamorfose / Um Artista da Fome / Carta a Meu Pai — Franz Kafka
22. Assim Falou Zaratustra — Friedrich Nietzsche
23. Triste Fim de Policarpo Quaresma — Lima Barreto
24. A Ilustre Casa de Ramires — Eça de Queirós
25. Memórias de um Sargento de Milícias — Manuel Antônio de Almeida
26. Robinson Crusoé — Daniel Defoe
27. Espumas Flutuantes — Castro Alves
28. O Ateneu — Raul Pompeia
29. O Noviço / O Juiz de Paz da Roça / Quem Casa Quer Casa — Martins Pena
30. A Relíquia — Eça de Queirós
31. O Jogador — Dostoiévski
32. Histórias Extraordinárias — Edgar Allan Poe
33. Os Lusíadas — Luís de Camões
34. As Aventuras de Tom Sawyer — Mark Twain
35. Bola de Sebo e Outros Contos — Guy de Maupassant
36. A República — Platão
37. Elogio da Loucura — Erasmo de Rotterdam
38. Caninos Brancos — Jack London
39. Hamlet — William Shakespeare
40. A Utopia — Thomas More
41. O Processo — Franz Kafka
42. O Médico e o Monstro — Robert Louis Stevenson
43. Ecce Homo — Friedrich Nietzsche
44. O Manifesto do Partido Comunista — Marx e Engels
45. Discurso do Método / Regras para a Direção do Espírito — René Descartes
46. Do Contrato Social — Jean-Jacques Rousseau
47. A Luta pelo Direito — Rudolf von Ihering
48. Dos Delitos e das Penas — Cesare Beccaria
49. A Ética Protestante e o Espírito do Capitalismo — Max Weber
50. O Anticristo — Friedrich Nietzsche
51. Os Sofrimentos do Jovem Werther — Goethe
52. As Flores do Mal — Charles Baudelaire
53. Ética a Nicômaco — Aristóteles
54. A Arte da Guerra — Sun Tzu
55. Imitação de Cristo — Tomás de Kempis
56. Cândido ou o Otimismo — Voltaire
57. Rei Lear — William Shakespeare
58. Frankenstein — Mary Shelley
59. Quincas Borba — Machado de Assis
60. Fedro — Platão
61. Política — Aristóteles
62. A Viuvinha / Encarnação — José de Alencar
63. As Regras do Método Sociológico — Émile Durkheim
64. O Cão dos Baskervilles — Sir Arthur Conan Doyle
65. Contos Escolhidos — Machado de Assis
66. Da Morte / Metafísica do Amor / Do Sofrimento do Mundo — Arthur Schopenhauer
67. As Minas do Rei Salomão — Henry Rider Haggard
68. Manuscritos Econômico-Filosóficos — Karl Marx
69. Um Estudo em Vermelho — Sir Arthur Conan Doyle
70. Meditações — Marco Aurélio
71. A Vida das Abelhas — Maurice Materlinck
72. O Cortiço — Aluísio Azevedo
73. Senhora — José de Alencar
74. Brás, Bexiga e Barra Funda / Laranja da China — Antônio de Alcântara Machado
75. Eugênia Grandet — Honoré de Balzac
76. Contos Gauchescos — João Simões Lopes Neto
77. Esaú e Jacó — Machado de Assis
78. O Desespero Humano — Sören Kierkegaard
79. Dos Deveres — Cícero
80. Ciência e Política — Max Weber
81. Satíricon — Petrônio
82. Eu e Outras Poesias — Augusto dos Anjos
83. Farsa de Inês Pereira / Auto da Barca do Inferno / Auto da Alma — Gil Vicente
84. A Desobediência Civil e Outros Escritos — Henry David Toreau
85. Para Além do Bem e do Mal — Friedrich Nietzsche
86. A Ilha do Tesouro — R. Louis Stevenson
87. Marília de Dirceu — Tomás A. Gonzaga
88. As Aventuras de Pinóquio — Carlo Collodi
89. Segundo Tratado Sobre o Governo — John Locke
90. Amor de Salvação — Camilo Castelo Branco
91. Broquéis / Faróis / Ultimos Sonetos — Cruz e Souza
92. I-Juca-Pirama / Os Timbiras / Outros Poemas — Gonçalves Dias
93. Romeu e Julieta — William Shakespeare
94. A Capital Federal — Arthur Azevedo
95. Diário de um Sedutor — Sören Kierkegaard
96. Carta de Pero Vaz de Caminha a El-Rei Sobre o Achamento do Brasil
97. Casa de Pensão — Aluísio Azevedo
98. Macbeth — William Shakespeare

99. Édipo Rei/Antígona
    Sófocles
100. Lucíola
    José de Alencar
101. As Aventuras de
    Sherlock Holmes
    Sir Arthur Conan Doyle
102. Bom-Crioulo
    Adolfo Caminha
103. Helena
    Machado de Assis
104. Poemas Satíricos
    Gregório de Matos
105. Escritos Políticos /
    A Arte da Guerra
    Maquiavel
106. Ubirajara
    José de Alencar
107. Diva
    José de Alencar
108. Eurico, o Presbítero
    Alexandre Herculano
109. Os Melhores Contos
    Lima Barreto
110. A Luneta Mágica
    Joaquim Manuel de Macedo
111. Fundamentação da Metafísica
    dos Costumes e Outros
    Escritos
    Immanuel Kant
112. O Príncipe e o Mendigo
    Mark Twain
113. O Domínio de Si Mesmo pela
    Auto-Sugestão Consciente
    Émile Coué
114. O Mulato
    Aluísio Azevedo
115. Sonetos
    Florbela Espanca
116. Uma Estadia no Inferno /
    Poemas / Carta do Vidente
    Arthur Rimbaud
117. Várias Histórias
    Machado de Assis
118. Fédon
    Platão
119. Poesias
    Olavo Bilac
120. A Conduta para a Vida
    Ralph Waldo Emerson
121. O Livro Vermelho
    Mao Tsé-Tung
122. Oração aos Moços
    Rui Barbosa
123. Otelo, o Mouro de Veneza
    William Shakespeare
124. Ensaios
    Ralph Waldo Emerson
125. De Profundis / Balada
    do Cárcere de Reading
    Oscar Wilde
126. Crítica da Razão Prática
    Immanuel Kant
127. A Arte de Amar
    Ovídio Naso
128. O Tartufo ou O Impostor
    Molière
129. Metamorfoses
    Ovídio Naso
130. A Gaia Ciência
    Friedrich Nietzsche
131. O Doente Imaginário
    Molière
132. Uma Lágrima de Mulher
    Aluísio Azevedo
133. O Último Adeus de
    Sherlock Holmes
    Sir Arthur Conan Doyle
134. Canudos - Diário de Uma
    Expedição
    Euclides da Cunha
135. A Doutrina de Buda
    Siddharta Gautama
136. Tao Te Ching
    Lao-Tsé
137. A Monarquia / Vida Nova
    Dante Alighieri
138. A Brasileira de Prazins
    Camilo Castelo Branco
139. O Velho da Horta/Quem Tem
    Farelos?/Auto da Índia
    Gil Vicente
140. O Seminarista
    Bernardo Guimarães
141. O Alienista / Casa Velha
    Machado de Assis
142. Sonetos
    Manuel du Bocage
143. O Mandarim
    Eça de Queirós
144. Noite na Taverna / Macário
    Alvares de Azevedo
145. Viagens na Minha Terra
    Almeida Garrett
146. Sermões Escolhidos
    Padre Antonio Vieira
147. Os Escravos
    Castro Alves
148. O Demônio Familiar
    José de Alencar
149. A Mandrágora /
    Belfagor, O Arquidiabo
    Maquiavel
150. O Homem
    Aluísio Azevedo
151. Arte Poética
    Aristóteles
152. A Megera Domada
    William Shakespeare
153. Alceste/Electra/Hipólito
    Eurípedes
154. O Sermão da Montanha
    Huberto Rohden
155. O Cabeleira
    Franklin Távora
156. Rubáiyát
    Omar Khayyám
157. Luzia-Homem
    Domingos Olímpio
158. A Cidade e as Serras
    Eça de Queirós
159. A Retirada da Laguna
    Visconde de Taunay
160. A Viagem ao Centro da Terra
    Júlio Verne
161. Caramuru
    Frei Santa Rita Durão
162. Clara dos Anjos
    Lima Barreto
163. Memorial de Aires
    Machado de Assis
164. Bhagavad Gita
    Krishna
165. O Profeta
    Khalil Gibran
166. Aforismos
    Hipócrates
167. Kama Sutra
    Vatsyayana
168. Histórias de Mowgli
    Rudyard Kipling
169. De Alma para Alma
    Huberto Rohden
170. Orações
    Cícero
171. Sabedoria das Parábolas
    Huberto Rohden
172. Salomé
    Oscar Wilde
173. Do Cidadão
    Thomas Hobbes
174. Porque Sofremos
    Huberto Rohden
175. Einstein: o Enigma do Universo
    Huberto Rohden
176. A Mensagem Viva do Cristo
    Huberto Rohden
177. Mahatma Gandhi
    Huberto Rohden
178. A Cidade do Sol
    Tommaso Campanella
179. Setas para o Infinito
    Huberto Rohden
180. A Voz do Silêncio
    Helena Blavatsky
181. Frei Luís de Sousa
    Almeida Garrett
182. Fábulas
    Esopo
183. Cântico de Natal/
    Os Carrilhões
    Charles Dickens
184. Contos
    Eça de Queirós
185. O Pai Goriot
    Honoré de Balzac
186. Noites Brancas
    e Outras Histórias
    Dostoiévski
187. Minha Formação
    Joaquim Nabuco
188. Pragmatismo
    William James
189. Discursos Forenses
    Enrico Ferri
190. Medeia
    Eurípedes
191. Discursos de Acusação
    Enrico Ferri
192. A Ideologia Alemã
    Marx & Engels
193. Prometeu Acorrentado
    Ésquilo
194. Iaiá Garcia
    Machado de Assis
195. Discursos no Instituto dos
    Advogados Brasileiros /
    Discurso no Colégio
    Anchieta
    Rui Barbosa
196. Édipo em Colono
    Sófocles
197. A Arte de Curar pelo Espírito
    Joel S. Goldsmith
198. Jesus, o Filho do Homem
    Khalil Gibran
199. Discurso sobre a Origem e
    os Fundamentos da Desigual-
    dade entre os Homens
    Jean-Jacques Rousseau
200. Fábulas
    La Fontaine
201. O Sonho de uma Noite
    de Verão
    William Shakespeare

202. MAQUIAVEL, O PODER
José Nivaldo Junior

203. RESSURREIÇÃO
Machado de Assis

204. O CAMINHO DA FELICIDADE
Huberto Rohden

205. A VELHICE DO PADRE ETERNO
Guerra Junqueiro

206. O SERTANEJO
José de Alencar

207. GITANJALI
Rabindranath Tagore

208. SENSO COMUM
Thomas Paine

209. CANAÃ
Graça Aranha

210. O CAMINHO INFINITO
Joel S. Goldsmith

211. PENSAMENTOS
Epicuro

212. A LETRA ESCARLATE
Nathaniel Hawthorne

213. AUTOBIOGRAFIA
Benjamin Franklin

214. MEMÓRIAS DE
SHERLOCK HOLMES
Sir Arthur Conan Doyle

215. O DEVER DO ADVOGADO /
POSSE DE DIREITOS PESSOAIS
Rui Barbosa

216. O TRONCO DO IPÊ
José de Alencar

217. O AMANTE DE LADY
CHATTERLEY
D. H. Lawrence

218. CONTOS AMAZÔNICOS
Inglês de Souza

219. A TEMPESTADE
William Shakespeare

220. ONDAS
Euclides da Cunha

221. EDUCAÇÃO DO HOMEM
INTEGRAL
Huberto Rohden

222. NOVOS RUMOS PARA A
EDUCAÇÃO
Huberto Rohden

223. MULHERZINHAS
Louise May Alcott

224. A MÃO E A LUVA
Machado de Assis

225. A MORTE DE IVAN ILICHT
/ SENHORES E SERVOS
Leon Tolstói

226. ÁLCOIS E OUTROS POEMAS
Apollinaire

227. PAIS E FILHOS
Ivan Turguêniev

228. ALICE NO PAÍS DAS
MARAVILHAS
Lewis Carroll

229. À MARGEM DA HISTÓRIA
Euclides da Cunha

230. VIAGEM AO BRASIL
Hans Staden

231. O QUINTO EVANGELHO
Tomé

232. LORDE JIM
Joseph Conrad

233. CARTAS CHILENAS
Tomás Antônio Gonzaga

234. ODES MODERNAS
Anntero de Quental

235. DO CATIVEIRO BABILÔNICO
DA IGREJA
Martinho Lutero

236. O CORAÇÃO DAS TREVAS
Joseph Conrad

237. THAIS
Anatole France

238. ANDRÔMACA / FEDRA
Racine

239. AS CATILINÁRIAS
Cícero

240. RECORDAÇÕES DA CASA
DOS MORTOS
Dostoiévski

241. O MERCADOR DE VENEZA
William Shakespeare

242. A FILHA DO CAPITÃO /
A DAMA DE ESPADAS
Aleksandr Púchkin

243. ORGULHO E PRECONCEITO
Jane Austen

244. A VOLTA DO PARAFUSO
Henry James

245. O GAÚCHO
José de Alencar

246. TRISTÃO E ISOLDA
Lenda Medieval Celta de Amor

247. POEMAS COMPLETOS DE
ALBERTO CAEIRO
Fernando Pessoa

248. MAIAKÓVSKI
Vida e Poesia

249. SONETOS
William Shakespeare

250. POESIA DE RICARDO REIS
Fernando Pessoa

251. PAPÉIS AVULSOS
Machado de Assis

252. CONTOS FLUMINENSES
Machado de Assis

253. O BOBO
Alexandre Herculano

254. A ORAÇÃO DA COROA
Demóstenes

255. O CASTELO
Franz Kafka

256. O TROVEJAR DO SILÊNCIO
Joel S. Goldsmith

257. ALICE NA CASA DOS ESPELHOS
Lewis Carrol

258. MISÉRIA DA FILOSOFIA
Karl Marx

259. JÚLIO CÉSAR
William Shakespeare

260. ANTÔNIO E CLEÓPATRA
William Shakespeare

261. FILOSOFIA DA ARTE
Huberto Rohden

262. A ALMA ENCANTADORA
DAS RUAS
João do Rio

263. A NORMALISTA
Adolfo Caminha

264. POLLYANNA
Eleanor H. Porter

265. AS PUPILAS DO SENHOR REITOR
Júlio Diniz

266. AS PRIMAVERAS
Casimiro de Abreu

267. FUNDAMENTOS DO DIREITO
Léon Duguit

268. DISCURSOS DE METAFÍSICA
G. W. Leibniz

269. SOCIOLOGIA E FILOSOFIIA
Emile Durkheim

270. CANCIONEIRO
Fernando Pessoa

271. A DAMA DAS CAMÉLIAS
Alexandre Dumas (filho)

272. O DIVÓRCIO /
AS BASES DA FÉ /
E OUTROS TEXTOS
Rui Barbosa

273. POLLYANNA MOÇA
Eleanor H. Porter

274. O 18 BRUMÁRIO DE
LUÍS BONAPARTE
Karl Marx

275. TEATRO DE MACHADO DE ASSIS
Antologia

276. CARTAS PERSAS
Montesquieu

277. EM COMUNHÃO COM DEUS
Huberto Rohden

278. RAZÃO E SENSIBILIDADE
Jane Austen

279. CRÔNICAS SELECIONADAS
Machado de Assis

280. HISTÓRIAS DA MEIA-NOITE
Machado de Assis

281. CYRANO DE BERGERAC
Edmond Rostand

282. O MARAVILHOSO MÁGICO DE OZ
L. Frank Baum

283. TROCANDO OLHARES
Florbela Espanca

284. O PENSAMENTO FILOSÓFICO
DA ANTIGUIDADE
Huberto Rohden

285. FILOSOFIA CONTEMPORÂNEA
Huberto Rohden

286. O ESPÍRITO DA FILOSOFIA
ORIENTAL
Huberto Rohden

287. A PELE DO LOBO /
O BADEJO / O DOTE
Artur Azevedo

288. OS BRUZUNDANGAS
Lima Barreto

289. A PATA DA GAZELA
José de Alencar

290. O VALE DO TERROR
Sir Arthur Conan Doyle

291. O SIGNO DOS QUATRO
Sir Arthur Conan Doyle

292. AS MÁSCARAS DO DESTINO
Florbela Espanca

293. A CONFISSÃO DE LÚCIO
Mário de Sá-Carneiro

294. FALENAS
Machado de Assis

295. O URAGUAI /
A DECLAMAÇÃO TRÁGICA
Basílio da Gama

296. CRISÁLIDAS
Machado de Assis

297. AMERICANAS
Machado de Assis

298. A CARTEIRA DE MEU TIO
Joaquim Manuel de Macedo

299. CATECISMO DA FILOSOFIA
Huberto Rohden

300. APOLOGIA DE SÓCRATES
Platão (Edição bilingue)

301. RUMO À CONSCIÊNCIA CÓSMICA
Huberto Rohden

302. COSMOTERAPIA
Huberto Rohden

303. BODAS DE SANGUE
Federico García Lorca

304. DISCURSO DA SERVIDÃO
VOLUNTÁRIA
Étienne de La Boétie

305. Categorias
    Aristóteles
306. Manon Lescaut
    Abade Prévost
307. Teogonia /
    Trabalho e Dias
    Hesíodo
308. As Vítimas-Algozes
    Joaquim Manuel de Macedo
309. Persuasão
    Jane Austen
310. Agostinho - Huberto Rohden
311. Roteiro Cósmico
    Huberto Rohden
312. A Queda dum Anjo
    Camilo Castelo Branco
313. O Cristo Cósmico e os
    Essênios - Huberto Rohden
314. Metafísica do Cristianismo
    Huberto Rohden
315. Rei Édipo - Sófocles
316. Livro dos provérbios
    Salomão
317. Histórias de Horror
    Howard Phillips Lovecraft
318. O Ladrão de Casaca
    Maurice Leblanc
319. Til
    José de Alencar

Série Ouro
(Livros com mais de 400 p.)

1. Leviatã
    Thomas Hobbes
2. A Cidade Antiga
    Fustel de Coulanges
3. Crítica da Razão Pura
    Immanuel Kant
4. Confissões
    Santo Agostinho
5. Os Sertões
    Euclides da Cunha
6. Dicionário Filosófico
    Voltaire
7. A Divina Comédia
    Dante Alighieri
8. Ética Demonstrada à
    Maneira dos Geômetras
    Baruch de Spinoza
9. Do Espírito das Leis
    Montesquieu
10. O Primo Basílio
    Eça de Queirós
11. O Crime do Padre Amaro
    Eça de Queirós
12. Crime e Castigo
    Dostoiévski
13. Fausto
    Goethe
14. O Suicídio
    Émile Durkheim
15. Odisseia
    Homero
16. Paraíso Perdido
    John Milton
17. Drácula
    Bram Stoker
18. Ilíada
    Homero
19. As Aventuras de
    Huckleberry Finn
    Mark Twain
20. Paulo – O 13º Apóstolo
    Ernest Renan
21. Eneida
    Virgílio
22. Pensamentos
    Blaise Pascal
23. A Origem das Espécies
    Charles Darwin
24. Vida de Jesus
    Ernest Renan
25. Moby Dick
    Herman Melville
26. Os Irmãos Karamazovi
    Dostoiévski
27. O Morro dos Ventos
    Uivantes
    Emily Brontë
28. Vinte Mil Léguas
    Submarinas
    Júlio Verne
29. Madame Bovary
    Gustave Flaubert
30. O Vermelho e o Negro
    Stendhal
31. Os Trabalhadores do Mar
    Victor Hugo
32. A Vida dos Doze Césares
    Suetônio
33. O Moço Loiro
    Joaquim Manuel de Macedo
34. O Idiota
    Dostoiévski
35. Paulo de Tarso
    Huberto Rohden
36. O Peregrino
    John Bunyan
37. As Profecias
    Nostradamus
38. Novo Testamento
    Huberto Rohden
39. O Corcunda de Notre Dame
    Victor Hugo
40. Arte de Furtar
    Anônimo do século XVII
41. Germinal
    Émile Zola
42. Folhas de Relva
    Walt Whitman
43. Ben-Hur — Uma História
    dos Tempos de Cristo
    Lew Wallace
44. Os Maias
    Eça de Queirós
45. O Livro da Mitologia
    Thomas Bulfinch
46. Os Três Mosqueteiros
    Alexandre Dumas
47. Poesia de
    Álvaro de Campos
    Fernando Pessoa
48. Jesus Nazareno
    Huberto Rohden
49. Grandes Esperanças
    Charles Dickens
50. A Educação Sentimental
    Gustave Flaubert
51. O Conde de Monte Cristo
    (Volume I)
    Alexandre Dumas
52. O Conde de Monte Cristo
    (Volume II)
    Alexandre Dumas
53. Os Miseráveis (Volume I)
    Victor Hugo
54. Os Miseráveis (Volume II)
    Victor Hugo
55. Dom Quixote de
    La Mancha (Volume I)
    Miguel de Cervantes
56. Dom Quixote de
    La Mancha (Volume II)
    Miguel de Cervantes
57. As Confissões
    Jean-Jacques Rousseau
58. Contos Escolhidos
    Artur Azevedo
59. As Aventuras de Robin Hood
    Howard Pyle
60. Mansfield Park
    Jane Austen